DROEMER

Anna Erelle

Undercover *Dschihadistin*

Wie ich das Rekrutierungsnetzwerk des Islamischen Staats ausspionierte

Aus dem Französischen von Martina Bunge, Eliane Hagedorn und Barbara Reitz

DROEMER

Die französische Originalausgabe erschien 2015 unter dem Titel
»Dans la peau d'une djihadiste« bei Éditions Robert Laffont, Paris.

Besuchen Sie uns im Internet:
www.droemer.de

FSC
www.fsc.org
MIX
Papier aus verantwortungsvollen Quellen
FSC® C083411

Die Übersetzerinnen Eliane Hagedorn und Barbara Reitz
gehören dem Kollektiv Druck-Reif an.
Covergestaltung: ZERO Werbeagentur, München
Satz: Wilhelm Vornehm, München
Druck und Bindung: CPI books GmbH, Leck
ISBN 978-3-426-27671-6

2 4 5 3 1

Für Éric und Noël,
für Pauline und Jérôme

Nur durch eine freiwillige Mäßigung unserer Leidenschaften – von uns allen akzeptiert und gewollt – kann sich die Menschheit über die materialistische Strömung erheben, in der die Welt gefangen ist.
Sollte es uns vergönnt sein, nicht durch einen Krieg zerstört zu werden, muss sich unser Leben radikal verändern, sonst wird es durch unser eigenes Verschulden zunichtegemacht.

Alexander Solschenizyn
Die Welt in Trümmern,
Harvard-Rede 1978

Die folgenden Ereignisse haben sich im Frühjahr 2014 zugetragen, zwei Monate bevor die Terrororganisation Islamischer Staat Mossul, die zweitgrößte Stadt des Irak, erobert und ihr Anführer Abu Bakr al-Baghdadi sie zum Kalifat erklärt hat.

»Hör mir zu! Ich liebe dich, wie ich noch nie zuvor jemanden geliebt habe. Es ist mir unerträglich, dass du auch nur noch einen Tag fern von mir inmitten all dieser Sünde lebst. Ich will dich beschützen. Ich will alle Dämonen dieser Welt von dir fernhalten. Wenn du zu mir kommst, wirst du sofort von unserem Paradies begeistert sein. Von diesem Land, das meine Männer und ich neu aufbauen. Hier lieben und respektieren sich die Menschen. Wir sind eine einzige große Familie, in der du schon jetzt deinen Platz hast – alle erwarten dich! Wenn du wüsstest, wie glücklich die Frauen bei uns sind. Vorher waren sie ebenso verloren wie du. Die Ehefrau eines meiner Freunde hat schon ein Programm für deine Ankunft vorbereitet. Wenn du deine Schießübungen absolviert hast, führt sie dich in ein wunderschönes Geschäft, das einzige im ganzen Land, das hochwertige Stoffe anbietet. Ich bezahle alles für dich. Du wirst dir mit deinen neuen Freundinnen eine eigene Welt erschaffen. Ich kann deine Ankunft kaum noch erwarten. Melodie, meine Frau! Komm schnell, ich warte auf dich!«

Melodie starrt ungläubig auf ihren Bildschirm. Sie bewundert diesen starken Mann, der achtzehn Jahre älter ist als sie. Sie hat ihn zwar nur via Skype gesehen,

aber sie liebt ihn bereits. Mit ihrer zarten, fast noch kindlichen Stimme murmelt Melodie:
»Liebst du mich wirklich?«
»Ich liebe dich für und vor Allah. Du bist mein Juwel, und der Islamische Staat ist dein Haus. Gemeinsam werden wir unsere Namen in der Geschichte verewigen, indem wir Stein für Stein eine bessere Welt aufbauen, in der es keinen Platz für die Kāfir[1] gibt. Ich habe eine riesige Wohnung für dich gefunden! Wenn du Freundinnen mitbringst, suche ich dir eine noch größere. Tagsüber wirst du dich um die Waisen und Verwundeten kümmern, während ich kämpfe. Abends treffen wir uns wieder … Inschallah.«

Melodie fühlt sich geliebt. Sie fühlt sich nützlich. Schon so lange sucht sie einen Sinn in ihrem Leben, und endlich hat sie ihn gefunden.

1 Arabischer Begriff für Ungläubige

Paris, zehn Tage zuvor

An diesem Freitag verlasse ich verärgert eine der Redaktionen, für die ich arbeite. Bei der Zeitung ist der Brief eines Anwalts eingegangen, der die Veröffentlichung meines Artikels über eine junge Dschihadistin untersagt. Dabei habe ich gerade zwei Tage mit ihrer Mutter Samira in Belgien verbracht. Vor einem Jahr ist ihre Tochter nach Syrien geflohen, um zu Tarik, dem Mann ihres Lebens, zu gelangen – einem fanatischen Anhänger der Organisation Islamischer Staat (IS). Ebenso verliebt wie leichtsinnig wollte Leila[2] mit ihrer großen Liebe leben. Samira schöpfte wieder Hoffnung, als sie vom Tod des Mannes erfuhr, den sie zwangsläufig als ihren Schwiegersohn ansehen musste. Eine Kugel mitten ins Herz hatte seinen zweiundzwanzig Lenzen ein Ende gesetzt. Nach Tariks Tod sah Samira keinen Grund mehr dafür, dass ihre Tochter länger in einem Land verweilte, das in Schutt und Asche lag. Aber Leila ließ nicht mit sich reden: Sie gehörte jetzt

---

2 Der Vorname wurde geändert.

diesem heiligen Reich an, zu dessen Aufbau sie beitragen wollte, indem sie für die Entstehung eines religiösen Staates im Nahen Osten kämpfte. Mit oder ohne ihren Mann. Tarik war ein Emir[1], also kümmerte man sich gut um seine Witwe. Man brachte ihr größten Respekt entgegen. Und so stellte Leila ihrer Mutter die Gegenfrage:

»Und warum sollte ich zurückkommen?«

Die Lokalpresse hatte den Fall aufgegriffen und die achtzehnjährige Dschihadistin mit der »Schwarzen Witwe« verglichen, der Frau von Kommandant Massuds[2] Mörder, einen inzwischen in der internationalen Terrorszene bekannten Figur. Samiras Antwort ließ nicht lange auf sich warten und entsprach der Liebe, die sie ihrer Tochter entgegenbrachte. Doch es war eine enorme Herausforderung, denn sie musste nicht nur Leila zurück nach Belgien holen, sondern auch die Behörden davon überzeugen, dass ihre Tochter sich aus humanitären Gründen im gefährlichsten Land der Welt aufgehalten hatte. Ansonsten würde sie als Bedrohung der inneren Sicherheit gelten, festgenommen werden und schließlich vielleicht gar Aufenthaltsverbot in ihrem Heimatland bekommen.

Und in ebendiesem Moment kreuzt mein Weg den von

---

1 Adelstitel, der in der gesamten muslimischen Welt verwendet wird. Der Islamische Staat, ein stark hierarchisierte Terrororganisation, zeichnet seine Getreuen aus. Ein Emir hat sich im Allgemeinen durch seine Entschlossenheit, seine Kraft oder seinen Glauben hervorgetan, den er allen und jedem zum Trotz predigt. Es ist einer der ehrenvollsten und angesehensten Titel innerhalb der Organisation.

2 Bekannt für seinen Kampf gegen die sowjetische Besatzungsmacht in Afghanistan. Er war prädestiniert, die Führung der Anti-Taliban-Koalition zu übernehmen, wenn er nicht am 9. September 2001, zwei Tage vor dem Attentat auf das World Trade Center, ermordet worden wäre.

Samira. Der Journalismus kann uns überallhin führen, manchmal sogar zu einer verzweifelten Mutter. Samira, die nicht mehr ein noch aus weiß, wendet sich an Dimitri Bontinck, einen ehemaligen Angehörigen der militärischen Spezialeinheit Belgiens. Bekannt geworden ist er, weil es ihm gelungen war, seinen Sohn aus Syrien zurückzuholen. Dimitri verkörpert die Hoffnung aller europäischen Familien, die eines Morgens im Angesicht einer brutalen Realität erwachen: Der Dschihad kann auch völlig unauffällige Jugendliche in seinen Bann ziehen, nämlich das eigene Kind. Seither setzt Dimitri, der stets aktiv und vor allem ein wahrer Heißsporn ist, seine selbstmörderischen Aktionen fort, um andere Jugendliche zu retten oder zumindest konkrete Informationen zu bekommen, die den Familien weiterhelfen können. Sofort ist ihm klar, wie gefährlich dieser Ruf als »neue Schwarze Witwe« für Leila ist, und er bittet mich, ihre Mutter zu treffen. Ich bin eine leidenschaftliche Anhängerin der Geopolitik, aber bei weitem keine Expertin. Andererseits habe ich mich immer für abweichende Verhaltensweisen interessiert. Egal, ob es sich um Religion, Nationalität oder soziales Umfeld handelt – der Auslöser, der zu einem so dramatischen Umschwung eines Schicksals führt, hat mich seit je fasziniert. Ursache dafür können Drogen, Straffälligkeit oder Außenseitertum sein. Außerdem habe ich in den letzten Jahren sehr viel über die radikalen Ausuferungen des Islam gearbeitet. Seit einem Jahr beschäftige ich mich vor allem mit der Entwicklung bestimmter europäischer Dschihadisten des Islamischen Staats. Auch wenn die Fälle eine gewisse Ähnlichkeit aufweisen, versuche ich jedes Mal herauszufin-

den, was diese Menschen so sehr verletzt hat, dass sie sich dieser Sache anschließen und sogar bereit sind, alles aufzugeben und gegebenenfalls den Tod in Kauf zu nehmen.
Zu dieser Zeit arbeiteten Dimitri und ich gemeinsam an einem Buch über die nervenaufreibende neunmonatige Suche nach seinem Sohn. Wir kontaktieren zahlreiche Familien in ganz Europa, die einen ähnlichen Leidensweg gehen. Ich versuche, möglichst viele Interviews zu dem Thema zu führen. Denn wenn mir auch der Einfluss der Internetpropaganda auf die neuen Gotteskrieger klar ist, kann ich doch den endgültigen Schritt nicht nachvollziehen. Alles aufgeben? Die Vergangenheit, die Eltern? Innerhalb weniger Wochen einen ganzen Teil des Lebens auslöschen – mit der festen Überzeugung, dass es kein Zurück geben darf. Nie. Jedes Mal, wenn ich die Zimmer betrete, die Vater und Mutter im Allgemeinen unverändert gelassen haben, ist das ein Schock. In diesen Räumen, die zum Altar eines vergessenen Lebens geworden sind, dringe ich in eine Intimsphäre ein, die nicht die meine ist. Als wären die Relikte der Jugendlichen der letzte Beweis für ihre Existenz. Leilas Zimmer scheint erstarrt, abgekapselt in einer längst vergangenen Zeit. Überall Fotos von ihrem »normalen« Leben. Man sieht sie geschminkt und mit knappem Top bei Freunden oder im Café. Bilder aus Épinal, die meilenweit von der neuen Leila mit Burka und einer Kalaschnikow über der Schulter entfernt sind. Nachdem ich Samira lange zugehört habe, setze ich meine Recherchen fort, die bestimmte ihrer Aussagen bestätigen, und schreibe meinen Artikel. Einer mehr zu jenem Thema, das in den letzten Monaten eine dramatische Banalisie-

rung erfährt. Aber er wird nicht erscheinen. Leila hat sich furchtbar aufgeregt, als ihre Mutter ihr von unserem Gespräch berichtet hat. »Wenn du in der Presse über mich sprichst, komme ich niemals heim. Nie wieder werde ich mich bei dir melden. Du wirst nicht wissen, ob ich lebe oder tot bin.« Das waren ihre Worte, und Samira schluchzte in panischer Angst, als sie sie mir wiedergab. Gegenüber Argumenten dieser Art bin ich machtlos. Theoretisch könnte ich meinen Artikel natürlich trotzdem publizieren, denn der Fall ist öffentlich, und in Belgien wurde ausführlich darüber berichtet. Aber wozu? Geschichten wie diese gibt es bedauerlicherweise leider zuhauf. Ich kenne die Entschlossenheit dieser Jugendlichen, die sich zum Glauben berufen fühlen. Den ganzen Tag über hämmert man ihnen ein, dass sie ihre »ketzerische« Familie vergessen und ihren neuen Brüdern die Arme öffnen sollen. Und so stellen die »Ungläubigen«, die sie »Papa« oder »Mama« nennen, in ihren Augen nur noch ein Hindernis auf dem Weg zu ihrem Ziel dar.

Es ist nicht Leilas Schuld, sie ist ernsthaft davon überzeugt, ihre Mutter zu schützen, indem sie ihr diese Haltung aufzwingt.

Allein bei mir zu Hause, rege ich mich auf über die Methoden, mit denen die islamistischen Terrorbrigaden ihren Missionierungseifer durchsetzen. Ich suche Videos, die Tarik zu Lebzeiten zeigen, und bin auf YouTube einer unglaublichen Anzahl von Propagandafilmen ausgesetzt. Wenn sie nicht in französischer oder englischer Sprache aufgenommen sind, stelle ich den Ton ab. Ich halte diese Gesänge nicht aus, die zugegebenermaßen zu Kopf steigen und einen ganz benommen machen. Immerhin sind sie noch leichter zu ertragen als die Bilder von Folterungen und Leichen in der glühenden Sonne. Ich surfe durch die Mäander der französischsprachigen Netzwerke dieser Mudschaheddin und bin immer wieder verblüfft über den Kontrast zwischen Bild und Ton. Das jugendliche Gelächter, das die Aufnahmen von unvorstellbarer Grausamkeit begleitet, macht sie noch schauriger. Und seit fast einem Jahr beobachte ich, dass sich das Phänomen verstärkt. Viele Jugendliche haben unter Pseudonym einen zweiten Facebook-Account. In ihrer Familie verhalten sie sich vorbildlich, doch kaum allein in ihrem Zimmer, klinken sie sich in diese virtuelle Welt ein, die jetzt die ihre ist und die sie für real halten. Ohne sich der Tragweite und Schwere der Botschaften, die sie austauschen, bewusst zu sein, fordern manche sogar zum Töten auf. Andere ermutigen zum Dschihad. Die Mädchen lesen häufig Links, die über Kinder im Gazastreifen berichten und vor allem das Leid der Kleinsten beschreiben. Die Pseudonyme, hinter denen sie sich verbergen, beginnen alle mit »Umm«, dem arabischen Wort für »Mutter«.

Die sozialen Netzwerke bergen wertvolle Informationen, wenn man weiß, wo man suchen muss. Aus denselben Gründen wie viele andere Journalisten habe auch ich mir vor einigen Jahren einen fiktiven Account eingerichtet. Er dient mir dazu, verschiedene aktuelle Phänomene zu beobachten. Ich kommuniziere nur sehr wenig über diese Schiene, und wenn, dann in knapper Form mit den rund hundert virtuellen »Freunden« in der ganzen Welt, die meine Kontakte ausmachen. Auf diesem zweiten Account nenne ich mich

»Melodie«. Diejenigen, die sich mit meinem Profil vernetzen, stellen sich auch nicht unter ihrem richtigen Namen vor. Dadurch halten sie sich für anonym und geben wesentlich mehr über die Sitten und die steigende Anziehungskraft der islamistischen Propaganda für junge Leute preis. Stundenlang verfolge ich, mit welcher Leichtigkeit sie sich öffentlich ausdrücken und unverblümt über ihre makaberen oder einfach nur verrückten Projekte reden. Natürlich ist all das dem Bekehrungseifer zuträglich. Glücklicherweise sind nicht alle Jugendlichen, die zum Verbrechen aufrufen, potenzielle Mörder. Für einige ist der Dschihad 2.0 nur eine Mode, für andere aber ist er der erste Schritt zur Radikalisierung.

Frustriert, meinen Artikel über Leila und Samira nicht veröffentlichen zu können, verbringe ich den ganzen Freitagabend auf dem Sofa und surfe von Account zu Account. Plötzlich bleibe ich an dem Video eines französischen Dschihadisten hängen, der um die fünfunddreißig Jahre alt sein muss. Sieht aus wie eine schlechte Parodie von *Les Guignols de l'info*[1]. Obwohl es eigentlich zum Weinen ist, muss ich lachen. Darauf bin ich nicht gerade stolz, aber man muss sich die Szenerie vorstellen – vollkommen absurd! Ein gewisser Abu Bilel in Militäruniform präsentiert seinen Fans den »Inhalt« seines Geländewagens. Er behauptet, sich in Syrien zu befinden. Das soll die Umgebung, ein wahres No Man's Land, bestätigen. Stolz schwenkt er ein CB-Funkgerät aus den 1970er Jahren. Damit hält er Kontakt zu den anderen Kämpfern, wenn das Telefonnetz

1 Satirische Sendung des französischen Pay-TV-Senders Canal+

nicht funktioniert. Obwohl es in Wirklichkeit mehr knistert, als dass es der Kommunikation dient. Im hinteren Teil des Wagens liegt neben einer kugelsicheren Weste eine seiner kompakten Maschinenpistolen, eine Uzi, die legendäre Waffe der israelischen Armee. Dann präsentiert er die restlichen, unter anderem »eine M16, die wir einem Marinesoldaten im Irak gestohlen haben«.

Ich lache laut auf. Später erfahre ich, dass so etwas durchaus vorstellbar ist und auch, dass Abu Bilel gar nicht so dumm ist, wie es scheint. Und vor allem, dass er in den letzten fünfzehn Jahren in vielen Teilen der Welt für den Dschihad gekämpft hat. Aber so weit sind wir noch nicht. Im Moment setzt der Krieger seine Demonstration fort und offenbart uns stolz den Inhalt des Handschuhfachs. Ein dickes Bündel syrische Lira, Bonbons und ein Messer. Dann nimmt er seine verspiegelte Ray-Ban-Sonnenbrille ab und zeigt seine schwarzen Augen, die mit Kohl umrandet sind. Ich weiß, dass es sich dabei um eine afghanische Kriegstechnik handelt, damit die Augen bei Rauch nicht tränen. Trotzdem ist man beim Anblick eines geschminkten Terroristen zunächst einmal, gelinde gesagt, überrascht. Abu Bilel spricht ein perfektes Französisch mit einem leichten, wie ich vermute, algerischen Akzent. Er setzt ein strahlendes Lächeln auf und scheint zufrieden, um nicht zu sagen glücklich, als er verkündet, jeder könne sich ihm anschließen, um seine Hedschra[1] zu erfüllen.

---

1 Auswanderung aus dem Land der Ungläubigen in ein islamisches Gebiet (arabisch *kufr*)

Ich teile das Video. Normalerweise verhalte ich mich auf diesem Profil sehr zurückhaltend, aber manchmal muss ich es meinen Internetgenossen gleichtun, um mich in ihrer Welt zu behaupten. Ich verkünde nichts. Ich fordere zu nichts auf. Ich begnüge mich damit, bisweilen Links zu Artikeln zu veröffentlichen, die über die Angriffe Baschar al-Assads berichten oder eben zu solchen Videos. Mein Profilbild ist eine Animation der Prinzessin Jasmin aus dem Walt-Disney-Film *Aladdin*. Als Titelbild habe ich einen Slogan heruntergeladen, der im Moment überall auftaucht: »Lasset keinen von euch einen Bruder so behandeln, wie er selbst nicht behandelt werden will.« Der Wohnort, den ich angebe, ändert sich entsprechend meinen Reportagen; im Moment ist es Toulouse. Dazu muss man sagen, dass mich in den letzten fünf Jahren zahlreiche Nachforschungen dorthin geführt haben. Zunächst im Jahr 2012 die Affäre Mohamed Merah[2]. Die Cité des Izards, ein Vorort im Norden der Stadt, ist eine wahre Goldgrube für Informationen. Er ist eines der Viertel, in denen Merah gewohnt hat, aber auch eine Drehscheibe für den Handel mit Shit.

Doch jetzt sitze ich in Paris und suche verzweifelt nach einer geeigneten Möglichkeit, um das Phänomen der sich mehrenden Aufbrüche nach Syrien besser aufbereiten zu können. Denn natürlich ist mir klar, dass die Leser mit solchen Informationen geradezu überschüttet werden, mit all diesen Fällen, die so viele traurige Parallelen aufweisen. Noch dazu erschwert die alp-

2 Islamistischer Terrorist, der 2012 in Toulouse sieben Menschen getötet hat, auch der »Mörder auf dem Motorroller« genannt

traumartige Situation in diesem Land eine klare Analyse der Dinge. Gemeinsam mit den Chefredakteuren ziehen wir jede Woche neue Aspekte in Betracht. Doch immer kommen wir zu demselben Ergebnis: Egal, welchem sozialen Milieu, welcher Religion oder welchem Umfeld der Dschihad-Anwärter entstammt, ausschlaggebend für seine Hinwendung zur Religion ist immer ein Scheitern oder ein starkes persönliches Unbehagen, das zur Radikalisierung und letztlich zum Aufbruch nach Syrien führt, wo er sich einer der neuen islamistischen Brigaden anschließt. Und im Laufe der Arbeit an diesem Thema fühle ich mich gewissen Familien und den Geschichten ihrer Kinder verbunden, wenngleich ich die Jugendlichen nicht kenne und wohl auch nie kennenlernen werde. Ganz zu schweigen von all jenen, mit denen ich bei meinen früheren Reportagen Kontakt hatte. Wenn ich heute mit ihnen kommuniziere, vertrauen sie mir ihren Wunsch an, auch dorthin aufzubrechen. »*Dorthin?* Aber was zieht euch denn *dorthin,* außer den Tod herauszufordern und als Kanonenfutter verheizt zu werden?«, entgegne ich. Und fast immer bekomme ich dieselbe Antwort: »Das verstehst du nicht, Anna. Du denkst mit dem Kopf, wir denken mit dem Herzen …« Ich setze alle Argumente ein. Ich ziehe gewagte geschichtliche Vergleiche heran. Deutschland, dieses hochkultivierte Land, geriet im letzten Jahrhundert unter Hitlers Fuchtel. Dann folgte die tendenziöse und einseitige Erklärung der Welt aus kommunistischer Sicht. In den 1970er Jahren schließlich eine Generation von Intellektuellen, die voller Überzeugung Maos Gedanken predigten und behaupteten, die Wahrheit sei in der kleinen *Roten Bibel* zu finden. Doch was auch immer ich als Beispiel anführe, wird von meinen virtuellen Partnern nur belächelt, und sie erklären mir, Rot und Grün seien nun mal nicht dieselbe Farbe. Dabei habe ich mich gar nicht auf den Koran bezogen, der nichts mit solch fanatischen Ideologien zu tun hat.

Im Jahr 2014 genießen Journalisten in der öffentlichen Meinung kein besonderes Ansehen mehr. Konzentriert man sich noch dazu auf gesellschaftliche Probleme, dann muss man seinen Beruf schon sehr lieben. Wenn ich nur einen Weg finden könnte, dieses Thema anders anzugehen als durch die Darstellung sich stets ähnelnder Fälle … Ich würde gerne das gesamte Netzwerk dieses Cyber-Dschihad erfassen und tiefgreifende Nachforschungen anstellen, um an die Wurzel dieses Übels zu gelangen, das immer mehr Familien, egal welcher Religion, zerfrisst. Hier eingehend analysieren, wie Kinder in diese Propagandafalle tappen, vor Ort die Zerrissenheit jener Soldaten untersuchen, die bereit sind, tagsüber zu foltern, zu stehlen, zu vergewaltigen, zu töten und zu sterben, und dann nachts vor ihrem Computer sitzen, um sich ihrer »Großtaten« zu rühmen wie präpubertäre Kids, die von ihrem Videospiel fasziniert sind.

Und während ich meinen Überlegungen nachhänge, hin- und hergerissen zwischen Entmutigung und dem Wunsch weiterzumachen, verkündet auf meinem Bildschirm ein kleines Signal, Melodie habe drei persönliche Nachrichten bekommen … von einem gewissen Abu Bilel. Eine unwirkliche Situation. Es ist zehn Uhr an einem Freitagabend im Frühling; ich sitze in meiner

Pariser Zweizimmerwohnung auf dem Sofa, und während ich mich frage, wie ich meine Recherchen über dieses Thema weiterführen soll, schreibt mir ein französischer Terrorist aus Syrien. Mir fehlen die Worte. Das Einzige, dessen ich mir in diesem Moment sicher bin, ist, dass ich mir nicht vorgestellt hätte, mein Wochenende so zu beginnen.

Am selben Abend

»Salam alaikum, Schwester, wie ich sehe, hast du dir mein Video angeschaut. Es ging um die ganze Welt, verrückt, was? Bist du Muslimin?«
»Was hältst du von den Mudschaheddin?«
»Und eine letzte Frage: Hast du vor, nach Syrien zu kommen?«

Na, der kommt ja direkt zur Sache! Ich weiß nicht, was ich tun soll. Ich möchte gerne antworten und begreife sofort, dass der Austausch mit diesem Dschihadisten vielleicht eine einzigartige Chance ist, an eine Vielzahl von Informationen zu gelangen. Wenn man sich als Journalistin vorstellt, ist es schwierig, ehrliche, nicht vorprogrammierte und ewig gleiche Antworten zu bekommen. Doch in diesem Fall weiß mein Chat-Partner nicht, wer ich bin. Es stört mich ganz und gar nicht, für eine Reportage Informationen über diesen Pseudo-Account zu erhalten. Die Vorstellung hingegen, einen Austausch mit jemandem zu führen, der nicht weiß, wer ich wirklich bin, ist für mich ein echtes morali-

sches Problem. Ich genehmige mir fünf Minuten zum Nachdenken – mir Gedanken über seine Moralvorstellungen zu machen. Dann antworte ich:
»Alaikum salam. Ich hätte nicht erwartet, dass ein Dschihadist sich via Facebook an mich wendet. LOFL. Hast du nichts anderes zu tun? Ich habe keine feste Meinung zu den Kämpfen. Außerdem hängt es davon ab, von welchen du sprichst.«
Ich schreibe auch, dass ich zum Islam konvertiert bin, ohne weiter ins Detail zu gehen. Ich mache absichtlich Rechtschreibfehler und versuche, mich im »Netzjargon« auszudrücken, LMAO, LOFL und andere LOL[1], mit denen unsere Korrespondenz gespickt ist. Ich erwarte seine Antwort mit zusammengekrampftem Magen. Nicht aus Angst, sondern weil ich es nicht fassen kann: Es scheint mir zu schön, um wahr zu sein. Ich habe schon andere Mudschaheddin interviewt, aber sie waren nie älter als zwanzig, und ihre Ausführungen beschränkten sich auf eine Wiederholung der bekannten Propagandaphrasen. In der Zwischenzeit surfe ich auf anderen Seiten. Kaum drei Minuten später zeigt mein Computer eine neue Nachricht an.
»Doch, natürlich habe ich anderes zu tun! Aber bei mir ist es jetzt elf Uhr abends, und der Kampf ist für heute beendet. Du hast dir mein Video angesehen, und vielleicht hast du Fragen dazu … Ich kann dir alles erzählen, was in Syrien vor sich geht, die einzige und alleinige Wahrheit: die von Allah. Um sich zu unterhalten, wäre Skype besser. Ich gebe dir meine Adresse.«

---

1 LMAO: Laughing my ass off; LOFL: Lying on the floor laughing; LOL: Laughing out loud

Bilel live … und autoritär. Skypen kommt nicht in Frage! Ich antworte ausweichend. Wir sollten besser ein andermal weiterreden, jetzt kann Melodie nicht mehr. Das versteht Abu Bilel, er will auf keinen Fall stören. Aber wenn sie will, gerne morgen, er wird sich Zeit für sie nehmen.

»Morgen?«, frage ich verblüfft. »Hast du denn immer so einfach Internetzugang?«

»Natürlich, ich werde da sein, das sagte ich doch.«

Und kaum eine Minute später:

»Du bist also übergetreten … Dann bereite deine Hedschra vor, Melodie. Ich werde mich um dich kümmern.«

Erst skypen, dann Hedschra! Der Mann weiß, was er will, und verliert keine Zeit. Gleich beim ersten Kontakt und nach dem Austausch weniger Zeilen bittet er eine junge Frau, von der er – außer ihrer Konversion zum Islam – nichts erfahren hat, zu ihm in das blutigste Land der Welt zu kommen. Er fordert sie ohne Umschweife auf, mit ihrer Vergangenheit und ihrer Heimat zu brechen und ihre Familie aufzugeben, außer diese würde sich der heiligen Sache anschließen wollen – man weiß ja nie. Woanders wiedergeboren werden und darauf warten, dass Gott Seine Tore öffnet. Nachdem ich mich von meiner Überraschung erholt habe, werde ich von einem Strudel widersprüchlicher Gefühle erfasst. Auch wenn es mir nicht gelingt, sie klar zu analysieren, bin ich doch sicher, dass die Abscheu überwiegt. Bilel jagt eine leichte Beute, und wenn sie in die Falle tappt, versucht er, ganz wie seine Gesinnungsgenossen des IS, sie mit allen Mitteln »neu zu formatieren«, so wie man eine CD löscht, bevor man andere Daten darauf speichert. Diese Vorgehensweise und die Auswahl seines Opfers machen mich wütend. Es ist so einfach, so ungerecht, sich eine junge Frau wie Melodie auszusuchen. Ich kenne viele, die so sind wie sie. Sie sind nicht ausreichend gebildet, und es mangelt ihnen an einer gewissen Kultur. Sie nehmen die Gerüchte, die verbreitet werden, für bare Münze, weil sie niemanden haben, der ihnen zur Seite steht. Und dasselbe gilt für die Jungen. In diesem Moment habe ich den dringenden Wunsch, ihn zu attackieren. Auf was lasse ich mich da eigentlich ein? Ich spüre, dass mehr hinter der Sache stecken könnte, als es zunächst den Anschein hat. Aber ich kann mir nicht vorstellen, dass Abu Bilel auch sechs Monate später, während ich dieses Buch schreibe, noch massive Auswirkungen auf mein Leben haben wird. In diesem Moment überlege ich mir einfach, dass ich nur dann die Möglichkeit habe, von diesem Terroristen genauere Informationen zu bekommen, wenn ich Melodie wirklich existieren lasse, ihr wie in den Spionageaffären eine »falsche Identität« verschaffe, die sie vielleicht zum Opfer machen wird. Wenn ich sie sozusagen auf die andere Seite bringe. Ich werde ihr die Züge all der Kids verleihen, die der Dschihad angeworben und deren Schicksal mich beeindruckt hat – eine Mischung aus den Brüdern Bons, aus Norah, Clara, Leila, Elodie, Karim und seinem besten Freund. Deren Familien an die türkisch-syrische Grenze fahren müssen, um Beweise dafür zu finden, dass sie noch leben. Und meist kommen sie mit leeren Händen zurück. Wenn Melodie eine Korrespondenz mit diesem Mann beginnt, der mir angesichts seines Alters kein Anfänger zu sein scheint, würde er vielleicht einige nützliche Informationen preisgeben. Einen Versuch ist es allemal wert. Außerdem habe ich zu viele offene Fragen. Und wenn ich Antworten darauf finde, werden sie ein wertvoller Bestandteil meiner künftigen Arbeit sein. Ich gehe diese Sache auf anthropologische Art an. Vor allem möchte ich aufhören, an Abu Bilel zu denken.

Eigentlich wollte mein Freund heute Abend zu mir kommen, doch jetzt rufe ich ihn an, um ihm zu sagen, dass ich lieber bei ihm übernachten möchte. Abu Bilel erwähne ich nicht. Heute Nacht will ich einfach nur bei ihm sein und an seiner Seite einschlafen.

Samstagmorgen

Milan bringt mir eine Cola Light, *M,* das Wochenendmagazin der Zeitung *Le Monde,* und sein iPad. Die Cola ist morgens mein Kaffeeersatz, ich bin ein Kind, das nicht zu festgelegten Zeiten die Erwachsenengetränke zu sich nehmen kann. Milan kennt meine Gewohnheiten, sein iPad ist immer mit dem Facebook-Account von Melodie verbunden, damit ich ständig die Neuigkeiten im Blick habe. Während wir geschlafen haben, ist Abu Suleyman[1], ein junger Elsässer, der in Syrien gekämpft hat, gestorben. Das Foto seines Leichnams, ein kleines Lächeln auf den Lippen, wird von Dutzenden von Internetsurfern geteilt und kommentiert. Milan schmiegt sich an mich und verschluckt sich an seinem Kaffee. Er betrachtet mich zärtlich, so als wäre ich ein hoffnungsloser Fall. »Soll das noch lange so weitergehen?«, fragt er schläfrig. Ich lächele und küsse ihn. Er blättert in *Le Film Français,* während ich die Kommentare zum »Märtyrer« des Tages über-

1 Der Name wurde geändert.

fliege. Nichts Besonderes. Anscheinend geht es ihm dort, wo er jetzt ist, besser. Gott ist stolz auf ihn, und das sollten wir alle sein. Stolz darauf, dass er mit einundzwanzig für »seine Sache« gestorben ist.
Andere Informationen interessieren mich mehr. Abu Bakr al-Baghdadi, der Anführer des IS, wäre beinahe in einen Hinterhalt der Dschabhat al-Nusra geraten. Die al-Nusra-Front ist die bedeutendste bewaffnete Terrorgruppe Syriens und gehört der al-Qaida an. Diese Brigade wird oft zu Unrecht mit Daisch, dem arabischen Akronym der Organisation Islamischer Staat, in Verbindung gebracht. Früher war ihre Beziehung herzlich und harmonisch, doch das hat sich geändert. Sie verfolgen nicht mehr dieselben Ziele und sind zu Gegnern geworden. Al-Qaidas historischer Feind bleibt die westliche Welt – die Kreuzritter. Daisch hingegen strebt die Schaffung eines islamischen Staats an, eines sunnitischen Kalifats irgendwo zwischen Syrien und dem Irak. Ihr vorrangiges Anliegen ist es, all jene von der Macht zu entfernen, die direkt oder indirekt zu den Schiiten gehören – zuerst die alawitische Minderheit, die über das Land herrscht, dann die schiitischen Machthaber des Irak. Die Rückkehr zum Mittelalter, die Einführung eines Islam mit aggressiven Mitteln, Kämpfe zu Pferde, die gewaltsame Eroberung neuer Gebiete – das sind die Ziele des Islamischen Staats. Al-Qaida teilt diese Ideologie zwar, will aber zunächst den Westen schwächen und ihre Überlegenheit und Schlagkraft beweisen, wie etwa durch die Attentate des 11. September. Extrem vereinfacht gesagt, scheint Daisch zunächst die Ketzer in der eigenen geographischen Zone eliminieren zu wollen,

während al-Qaida sich auf die Ungläubigen generell konzentriert.
Wenn es mir gelingt, Interviews mit Dschihadisten zu führen, frage ich sie oft nach ihren Zielen und ob die nächste Etappe ihres Kampfes sie zur erträumten Eroberung des Westens führen werde. Und meist bekomme ich in etwa dieselbe Antwort: »Der Islamische Staat wird bald die USA erreicht haben und dort seinen Krieg führen, um sie dem Willen Allahs zu unterwerfen. Dann werden wir alle Grenzen abschaffen, und die ganze Welt wird nur noch ein einziger großer Islamischer Staat sein, der den Gesetzen der Scharia unterstellt ist.«
Durch die Schaffung einer territorialen Basis für ihre Utopie ist Daisch das gelungen, woran al-Qaida gescheitert ist. Während letztere ihre Zellen überall auf der Welt sorgfältig entwickelt haben, führte Daisch nicht nur Krieg, sondern hat auch ein politisches System aufgebaut und eine Armee von Fanatikern geschaffen – in Syrien offiziell, im Irak inoffiziell. Eine Armee, bestehend aus Sunniten, die der amerikanischen Invasion im Irak feindlich gegenüberstehen und später von Tausenden ausländischen Kämpfern verstärkt wurden. Parallel dazu arbeitet die Terrororganisation mit ihrer liebsten Waffe: der Internetpropaganda. Das angestaubte Image der Taliban, die als Eremiten in den Höhlen Afghanistans lebten, begrenzte bisher die Anzahl der sich berufen Fühlenden. Doch die Kommunikationspolitik der neuen Soldaten des Dschihad 2.0 kommt gut an. Indem der IS YouTube mit extrem gewalttätigen Videos überschwemmt, erreicht er Tausende von Menschen im Westen, die sich durch das

Tempo der Aktionen und die Umsetzung der Drohungen beeindrucken lassen. »Die Versprechen binden nur die, die sie hören.« Eine traurige Wahrheit im Fall dieser jungen Dschihadisten. Den meisten von ihnen mangelt es an Anerkennung, und sie brechen mit dem Ehrgeiz auf, ein letztes Foto, das sie als Soldaten zeigt, im Internet zu posten. Vor Ort werden sie ein gewisses Ansehen genießen und noch dazu das Recht haben, dieses via Twitter oder Facebook bekanntzumachen. Wie richtig und vorausschauend erweist sich doch der berühmte Satz, den Andy Warhol 1968 gesagt hat: »In Zukunft wird jeder 15 Minuten berühmt sein.« Ich bin Anfang der 1980er Jahre geboren, in musikalischer Hinsicht nicht gerade das fruchtbarste Jahrzehnt. 1997 hat sich mein Geschmack in dieser Hinsicht durch das sagenhafte Album *L'École du micro d'argent* der Hip-Hop-Gruppe IAM verfeinert. Noch heute kenne ich jedes Wort dieses sechzehn Titel umfassenden musikalischen Wunderwerks auswendig. Der Song *Petit frère*, der die Verhaltensweisen von Jugendlichen beschreibt, hat nichts an Aktualität eingebüßt:

Petit frère rêve de bagnoles, de fringues, de thunes
De réputation de dur, pour tout ça, il volerait la lune
Il collectionne les méfaits sans se soucier
Du mal qu'il fait, tout en demandant du respect.[1]

1 Kleiner Bruder träumt von heißen Schlitten, Klamotten und Kohle / Von einem Ruf als knallharter Typ. Dafür ist er zu allem bereit / Um Ansehen zu erlangen, begeht er Verbrechen und schert sich nicht / Um das, was er anrichtet.

Schon damals ging es um Religion, doch sie fand weder in äußeren Attributen noch in Verhaltensweisen ihren Ausdruck. Einige der »kleinen Brüder« von gestern sind heute Dschihadisten. Leicht verdientes Geld, Waffen, Drogenhandel – das alles sind heute keine Fantasievorstellungen mehr. Ihr Traum: mehr Ansehen und Anerkennung bekommen. Zu »Helden« werden. Krieg spielen und es publik machen – das ist doch etwas anderes, als im Viertel der Bandenführer zu sein oder sich an der PlayStation auszutoben. Aber Vorsicht, es gibt nicht nur eine Kategorie von Dschihadisten. In letzter Zeit war der Aufbruch nach Syrien in mehreren Fällen das Ergebnis einer isolierten Radikalisierung. Dabei denke ich vor allem an ein junges Mädchen aus der Normandie, das glaubte, Antworten auf all seine Fragen im Netz zu finden. Wenige Wochen später brach die zum Islam konvertierte Christin auf, um sich den islamistischen Brigaden anzuschließen. Ich stelle mir Melodie, mein Alter Ego aus Toulouse, als ein hochsensibles Wesen vor, das, um einen Sinn in seinem Leben zu finden, nicht dominant sein, sondern eher dominiert werden will. Wie so viele andere Jugendliche zu allen Zeiten und aus allen sozialen Schichten ist sie ihres aktuellen Lebens überdrüssig.

Später, nachts

Milan ist eingeschlafen. In der gedämpften Atmosphäre seines Zimmers wälze ich mich im Bett ruhelos hin und her. Die Rollladen sind nicht heruntergelassen, so dass der Schein der Straßenlaternen den Raum in ein warmes Licht taucht. Diese mir vertraute nächtliche Szenerie begleitet meine Schlaflosigkeit, doch meine bohrenden Fragen vertreibt sie nicht.

Leise stehe ich auf. Milan schläft wie ein Engel, doch mein Unterbewusstsein lenkt mich ins Wohnzimmer – zu einem hinter dem Computerbildschirm gefangenen Dämon. Drei neue Nachrichten von meinem leidenden Chat-Partner. So viele hatte ich nicht erwartet. Ich zünde mir eine Zigarette an. Die erste Mail hat er um 14.30 Uhr Ortszeit abgeschickt. Für einen glühenden Kämpfer im Heiligen Krieg eine erstaunliche Uhrzeit. Um die Zeit hätte er eigentlich an der Front stehen sollen. Oder woanders. Die Vorstellung, dass er stattdessen in einem Internetcafé sitzt und virtuell einem Mädchen nachstellt, macht mich perplex.

»Salam alaikum, Schwester. Wie geht es dir heute? Ich

wollte dir sagen, dass ich für dich da bin, wenn du reden willst. Ich bin in deiner Nähe.«

In der Nähe? Wo? Ich habe nicht die Zeit, weiter darüber nachzudenken, denn schon kommt die nächste Nachricht:

»Wann bist du online, damit wir reden können? Das wünsche ich mir wirklich sehr.«

»Außerdem habe ich etwas ganz Besonderes für dich … maschallah.«

Das »Besondere« ist ein Foto von ihm, auf dem er bis an die Zähne bewaffnet zu sehen ist. *So was von hip …* Um den Hals trägt er ein Sturmgewehr vom Typ M4 und um den Kopf das schwarze Stirnband mit den weißen Schriftzeichen des IS. Mit stolz gewölbter Brust steht er kerzengerade da – und lächelt. Auf mich wirkt das Ganze irgendwie unwirklich. Er kennt mich nicht. Und wenn ich einfach Melodies Identität benutzte? Aber wenn statt meiner nun ein Polizist hier am Bildschirm säße? Oder ein Journalist auf der Suche nach vertrauenswürdigen Informationsquellen? Nein, Abu Bilel ist ganz unbesorgt; offensichtlich glaubt er, einen Fisch am Haken zu haben. Nach dem Inhalt seiner Nachrichten zu schließen, will er sich die fette Beute nicht entgehen lassen. Macht er so was öfter? Inzwischen muss es ungefähr vier Uhr morgens sein. Ich erhoffte mir Antworten. Doch stattdessen häufen sich die Fragen.

Wie oft habe ich schon zu hören bekommen, Journalisten seien wie Hunde: Immer auf der Suche nach einem ordentlichen Knochen, an dem sie nagen können. Stimmt, in diesem Moment spüre ich tatsächlich eine gewisse Erregung bei der Vorstellung, in die Psyche eines Mörders einzutauchen. Dieses Mörders. Ich bewundere all jene, die vom Glauben beseelt sind. Ich beneide sie um die Kraft, die er ihnen verleiht. Er muss eine kostbare Stütze sein angesichts der Dramen, mit denen wir früher oder später in unserem Leben konfrontiert sind. Doch wenn Spiritualität als Alibi für Mörder herhalten muss, die sie für ihre Zwecke umfunktionieren, werde ich, Anna, es mir gestatten, eine andere Identität anzunehmen. Zumindest im Internet. So, jetzt ist es entschieden: Für Bilel werde ich Melodie sein, eine junge Frau, die resigniert hat, die verloren, aber auch naiv ist. Rein ethisch betrachtet, mag mein Vorgehen fragwürdig erscheinen. Doch in Zeiten, wo Kommunikation das A und O ist, setzt diese terroristische Organisation alles daran, sich ins rechte Licht zu rücken und möglichst viele Menschen zu rekrutieren. Mein Gewissen hat entschieden. Abu Bilel wird nicht Gegenstand einer Reportage werden, aber ich will seine Äußerungen genau unter die Lupe nehmen und herausfiltern, was richtig und was falsch ist. Angefangen bei der Zahl der Menschen, die der Terrororganisation Islamischer Staat dienen. Wie viele Franzosen? Wie viele Europäer? Gibt es wirklich Frauen, die sich den Dschihadisten hingeben, um der Sache Allahs zu dienen? Greifen auch sie zu den Waffen? Abu Bilel will mich hinüberziehen in seine Welt der religiösen Vorherrschaft. Und zugleich dezimiert er Witwen und Waisen in einem Land, das von konfessionellen Grabenkämpfen zermürbt ist. Wird er mir womöglich von den blutigen Auseinandersetzungen berichten, in die er verstrickt ist?

Als es allmählich Tag wird, surfe ich im Darknet, durch die Mäander des Internets, um etwas zu finden, egal was, das mir einen Hinweis auf Bilel liefert. Ich stoße auf Dutzende von Gesprächen zwischen den Mudschaheddin und ihren Adepten. Nichts Aufschlussreiches. Immerhin erfahre ich, dass man sich in Syrien eine wichtige Schlacht in der Nähe von Deir ez-Zor geliefert hat, keine fünfhundert Kilometer entfernt von der Grenze zum Irak, einem Land, das noch geschunden ist von dem Schreckgespenst Saddam Husseins und der amerikanischen Invasion. Ich fange einen Austausch ab, der eigentlich sofort meine Aufmerksamkeit hätte erregen müssen: »Ich habe alles gefilmt, wir haben sie ausradiert! Doch al-Baghdadi und seine Emire blieben zur Sicherheit im Haus für den Fall, dass uns diese Hunde der al-Nusra-Front wieder eine Falle gestellt hätten. Du kannst dich Guitone anschließen, er ist bei ihnen.« Ich weiß schon seit langem, wer al-Baghdadi ist: der gefährliche Anführer des IS. Doch da ich in dieser Nacht nichts Besonderes über Bilel in Erfahrung gebracht habe, interessiere ich mich für Guitone, einen jungen Mann aus Marseille, den ich bereits »gut« kenne. Nach einem Aufenthalt in Großbritannien hat er sich dem IS angeschlossen und sich rasch seine ersten Lorbeeren verdient. Und er hat drei Vorzüge, die ihn unabdingbar machen für die aggressive Internetpropaganda des IS: Er sieht sehr gut aus, er kennt den Koran in- und auswendig und ist in der Lage, ihn in vier Sprachen zu predigen.
In meinem Kollegenkreis gilt Guitone als der »Pressesprecher«. Wenn wir eine Bestätigung für unsere Informationen benötigen, ist er uns bereitwillig stets zu

Diensten. Guitone kennt mich unter meinem echten Namen: Anna. Wiederholt habe ich mich bei Bedarf an ihn gewandt. Zuletzt im vorigen März. Dabei ging es um Norah, eine Fünfzehnjährige aus Avignon. Ich hatte mich mit ihrer Familie getroffen, die mir versichert hatte, das Mädchen habe sich der Terrororganisation Dschabhat al-Nusra angeschlossen und nicht dem IS. Guitone bestätigte diese Information und sandte mir die genauen geographischen Daten ihres Aufenthaltsorts.

Auf seinem Facebook-Account bekennt er sich zu seiner Zugehörigkeit zu Daisch und stellt sich gerne in Videos zur Schau: Guitone, wie er in Hospitälern arme verletzte Dschihadisten besucht; Guitone bis an die Zähne bewaffnet, wie er an der Grenze zur Türkei ein Festmahl genießt und ganz nebenbei Frankreich und die Türkei verspottet; Guitone, wie er eine Gruppe von Kämpfern im Freudentaumel auf den eroberten Straßen von Rakka willkommen heißt. Dutzende von Jugendlichen in ganz Europa verfolgen fasziniert seine Internetauftritte. Stets trägt er coole Klamotten von angesagten Labeln, tut so, als lebe er in Saus und Braus, und genießt ein unglaubliches Ansehen. Inzwischen ist er eine ziemliche Berühmtheit. Man respektiert ihn für das, was er verkörpert. Und ständig trägt er ein engelsgleiches Lächeln zur Schau. Sein Markenzeichen. Was gibt es Besseres in einem Land, das sich in dramatischen kriegerischen Auseinandersetzungen befindet, als einen glücklichen Mann, um uns für seine Sache zu gewinnen? Sehr geschickt, das muss man zugeben. Als Journalistin hätte ich Guitone eine Mail schicken können, damit er mir erklärt, warum die »Emire« an diesem letzten Kampf nicht teilgenommen haben. Aber ich habe noch nicht alles durchschaut. Zu dem Zeitpunkt weiß ich nicht, dass Guitone, Abu Bilel und al-Baghdadi eng miteinander verbunden sind. Ich arbeite mich weiter vor: nichts über Bilel … Wer ist er bloß? Sein Alter, seine »Sachkenntnis«, von der ich annehme, dass er sie hat, stacheln meine Neugier nur noch mehr an. Ich ahne, dass ich auf eine weitaus komplexere Persönlichkeit stoßen werde als bei jenen jungen Leuten, denen ich bisher im Internet auf der Spur war.

Sonntagabend

Sympathy for the devil von den Rolling Stones dröhnt durch mein Wohnzimmer und klingt wie eine böse Vorahnung. Ich schalte den Computer ein und finde neue Nachrichten von Bilel. Mir bleibt kaum die Zeit, sie zu lesen, denn er ist online und wendet sich sofort an meine virtuelle Marionette. Schon in seinen ersten Posts spürt man seine aufdringliche Hartnäckigkeit. In jeder dritten Zeile fordert mich der Söldner Gottes auf, Facebook zu verlassen und ihn via Skype zu kontaktieren, ein Chat, der die Vorzüge von Bild und Ton miteinander verbindet. Ist dieses Drängen eine Vorsichtsmaßnahme? Will er wissen, mit wem er es zu tun hat? Oder will er sich einfach nur mit eigenen Augen davon überzeugen, ob sein neuer Fang auch nach seinem Geschmack ist? Ich stelle mich dumm. Melodie fragt ihn also ganz naiv:

»Wieso willst du skypen?«

»Unterhaltungen über Skype sind viel sicherer. Wenn du verstehst, was ich meine, Schwester …«

Nein, ich verstehe nicht. Er beendet seinen Satz mit

einem Smiley. Ein kleines, rundliches gelbes Gesicht, das mir zuzwinkert. Das ist absurd. Er ist absurd. Auf seinem Profil schwört er, »dem Islamischen Staat treu ergeben zu sein«. Also schneide ich das Thema direkt an.

»Du arbeitest für den IS. Welchen Posten hast du dort inne? In Frankreich behauptet man ja, eure Organisation sei nicht die stärkste …«

Als Melodie kann ich es mir nicht verkneifen, ihm einen Seitenhieb zu verpassen. Auch ich »verschönere« meine Äußerung mit einem Smiley. Dieses Mal hat das kleine Gesicht vor Scham rote Bäckchen. Bilel beeilt sich, mir voller Stolz zu antworten. Er will entschlossen und überzeugend wirken: Der IS verkörpere den Gipfel der Macht, nicht nur in Syrien, sondern weltweit. Aus aller Herren Länder kämen Kämpfer, um sich ihren Heeren anzuschließen. Aber nicht nur das, wenn man meinem Gesprächspartner glauben will, der sich so charmant wie pädagogisch präsentiert.

»Es gibt drei Typen von Kämpfern: die an der Front, die Selbstmordattentäter und jene, die nach Frankreich zurückkehren, um die Ungläubigen zu bestrafen.«

»Zu bestrafen? Wie?«

»Du weißt schon … Wie Mohamed …«

Bilel bezieht sich auf Mohamed Merah, den irren Attentäter von Toulouse. Doch Melodie versteht nicht.

»Welchen Mohamed meinst du? Und wie bestraft er die Leute?«

»Du lebst doch in Toulouse, oder? Der Attentäter auf dem Motorroller, sagt dir das nichts? … Die wichtigste Regel lautet, die Feinde Allahs in Furcht und Schrecken zu versetzen.«

»Aber Merah hat Kinder getötet … Ein Kind verkörpert Unschuld, Reinheit; ein Kind kann nicht der Feind von irgendjemandem sein …«
»Wie naiv du bist, Melodie … Du liebst Kinder? Eines Tages wirst du welche haben, inschallah. Weißt du, hier warten viele Waisen auf eine Mutter. Die Schwestern des IS kümmern sich tagtäglich um sie, sie leisten Großes. Du würdest dich gut mit ihnen verstehen, ihr seid euch sehr ähnlich.«
Bilel weicht geschickt aus. Seine Methode: Er versucht, Melodie, die er überhaupt nicht kennt, mit seinen sanften Gesängen einzulullen. Das Thema spielt im Grunde keine Rolle; er führt sie dahin, wo er sie haben will. Da Melodie ihre Zuneigung für Kinder hat durchblicken lassen, flüstert er ihr die Idee ein, sie könne die Mutterstelle übernehmen. Die Diskussion über Mohamed Merah hat sie schon vergessen. Die Vorstellung, sich denjenigen zu widmen, die trauriger sind als sie selbst, zaubert ihr ein Lächeln ins Gesicht. Als wenn das Leid anderer ihr helfen könnte, ihr eigenes zu vertreiben. Seit einiger Zeit hat sie in der dunkelgrauen Welt, die sie umgibt, den Boden unter den Füßen verloren. Egal, was sie unternimmt, sie hat das Gefühl, alles schon einmal erlebt zu haben, ihre Zeit zu verschwenden. Irgendwie vergeudete Liebesmüh. Wahres Glück ist für sie ein seltenes und vergängliches Gefühl, und sie erinnert sich kaum mehr, wie viel Kraft es einem geben kann. Melodie fühlt sich allein und hat dieses Leben satt, in dem sie keine Zukunft für sich sieht. Für mich ist sie jemand, der noch dabei ist, seine Persönlichkeit zu finden, ein sich verloren fühlender Teenager mit einer schwierigen

Vergangenheit, die zu viele Narben hinterlassen hat. Sie sucht ein Ziel.
Und wenn Bilel und seine schönen Reden genau diesen kleinen Hoffnungsschimmer verkörpern würden, der ihr wieder Lebensmut gibt? Der Mörder versucht, seine Beweggründe für den Dschihad darzulegen. Wie ein Vertreter, der, bevor er mit seiner Demonstration beginnt, die Schwächen und Erwartungen seines Opfers zu erfassen sucht. Für ihn repräsentiert Melodie ein typisches Profil im Netz. Sobald er sie in eine Kategorie eingeordnet hat, muss er ihr nur noch mit seiner sonoren, überzeugenden Stimme die entsprechende Antwort bieten. Bilel ist wie ein »böser Geist«. Und noch dazu ein Verkaufsgenie, das sich hütet, sie zu fragen, ob sie ihren Dschihad führen will, sondern wissen möchte, was sie sich von einer Teilnahme verspräche. Aber dieser kleine Unterschied ist nicht unwichtig. Bilel weiß noch so gut wie gar nichts über Melodie. Weder ihr Alter noch die Farbe ihrer Augen oder etwas über ihre familiäre Situation. Das scheint ihn nicht zu stören. Als wenn ein einziges, wesentliches Detail genügte, um sie für ihn interessant zu machen: ihr Übertritt zum Islam.
Und Bilel ist davon überzeugt, dass Melodies Glaube stark genug ist, um sie zu ihm in das gefährlichste Land der Welt zu locken. Er schert sich um nichts anderes als um ihre Meinung zu den Dschihadisten. Ich habe das Gefühl, von einem Meinungsforscher durchleuchtet zu werden, und unterfüttere Melodies Antwort mit Äußerungen, die ich mir aus diversen Reportagen zu sozialen Brennpunkten in französischen Vororten gemerkt habe.

»Ich habe gehört, was Israel den palästinensischen Kindern antut. Ich habe Dutzende schrecklicher Videos gesehen, in denen tote Babys gezeigt wurden. Ich bin auf Facebook einigen deiner Brüder gefolgt, die dort in Syrien am Dschihad teilnehmen. Manche Mudschaheddin tun Gutes und andere Schlechtes, also, ich weiß wirklich nicht, was ich davon halten soll …«

»Denk nur Gutes! Ich selbst bin ein großer Mudschahed. Ich widme mich schon seit langem der Religion, und ich sage dir: Ich kann sehr, sehr milde zu denen sein, die ich liebe, und sehr, sehr hart zu den Ungläubigen. Ich hoffe, du bist keine von ihnen …«

»Wie könnte ich? Ich bin doch zum Islam konvertiert …«

»Das ist gut, aber nicht genug … Sich damit zufriedenzugeben, fünfmal am Tag zu beten und den Ramadan einzuhalten, reicht nicht aus. Ein guter Moslem, so will es der Prophet, sollte nach Syrien kommen und der Sache Gottes dienen.«

»Aber ich kann doch nicht meine Familie hier zurücklassen und alles aufgeben …«

»Falsch … Daraus schließe ich, dass du Kapitalistin bist.«

Melodie ist nicht sonderlich gebildet. Der Begriff sagt ihr nicht viel. Und außerdem, was hat das mit ihrer Familie zu tun? Sie weiß nicht, worauf Bilel hinauswill. Schon bald wird er ihr erklären, dass sie sich nur an die religiösen Gesetze des Islam, die Scharia (jene radikale islamische Doktrin, die lediglich von einer Minderheit des Landes angewandt wird) halten und der Konsumgesellschaft, in der sie groß geworden ist, den Rücken kehren muss. Bilel äußert sich zu diesem Punkt unmissverständlich: Melodie soll sich nicht den Gesetzen ihres Landes unterwerfen. Von nun an sind die Vorschriften des radikalen Islam verbindlich. Der »durch und durch reine« Islam, den er gewählt hat. Natürlich ahnt die naive Melodie nichts davon. Sie fällt auf alles herein. Sie erkennt nicht einmal den Widerspruch in Bilels Aussage, der zwar die Konsumgesellschaft attackiert, während sein Äußeres, von seiner Ray-Ban-Sonnenbrille bis hin zu seinen modischen Nikes, deren exaktes Abbild ist.

»Kapitalismus, das ist doch diese Geschichte mit Angebot und Nachfrage, die sich die Waage halten müssen, so was in der Richtung, oder? LOL.«

»Der Kapitalismus, meine Kleine, ist das Krebsgeschwür, an dem die ganze Welt leidet. Während du dir MTV-Clips ansiehst und Snickers mampfst, dir *Jackie-und-Jill*-DVDs kaufst und mal bei Foot Lockers vorbeischaust, sterben hier tagtäglich Dutzende der Unseren, damit wir glücklich in einem Staat leben können, der nur uns, den Muslimen, gehört. Während wir unser Leben riskieren, vergeudet ihr eure Tage mit Nichtigkeiten. Religiös zu sein bedeutet, aktiv für die Durchsetzung dieser Werte zu kämpfen. Es tut mir leid für dich, Melodie, weil ich spüre, dass du eine schöne Seele hast, aber wenn du unter all diesen Kāfir weiterlebst, wirst du später in der Hölle schmoren. Die Ausbeutung des Menschen durch den Menschen, hast du davon schon mal gehört?«

Und jetzt zitiert er auch noch Marx! Kennt er sich tatsächlich mit der marxistischen Lehre und der Idee des Klassenkampfes aus? Oder bedient er sich einfach nur vorgefertigter Klischees, die er anderswo gehört hat?

Ich muss kurz an Guitone denken, den »Pressesprecher« des IS, der gerne Sachen von Lacoste trägt. Melodie ist sprachlos angesichts des Wegs, den Bilel den Kāfir verspricht. Ihr westliches Leben scheint ihr nicht sehr hoffnungsvoll. Aber ist ihr Dasein wirklich so schwarz, verglichen mit der prekären Lage in Syrien, die ihr Bilel so betrübt beschreibt? Ihr Chat-Partner will, dass die Angst, die er ihr einflößt, ihren Glauben beherrscht. Er sät erste Zweifel in ihr und weckt gleichzeitig starke Schuldgefühle.

Dieser Abu Bilel ist diabolisch. Ich betrachte sein Profilbild. Eigentlich ein hübscher Kerl. Seine schweren Grammatikfehler mindern seine Überzeugungskraft nicht im Geringsten. Wie ist er so radikal geworden? Und woher rührt seine blinde und damit besonders gefährliche Ergebenheit? Manche Eltern junger Dschihadisten haben die Rekrutierung ihrer Kinder mit den für Sekten typischen Methoden verglichen. Da ist etwas Wahres dran. Bilel, der Guru, präsentiert Melodie den Krieg als göttliche Mission, die sie im Namen einer ihr kaum verständlichen Weissagung erfüllen soll. Gerade hatte ich erst eine Zigarette im Aschenbecher ausgedrückt, doch nun zünde ich mir hastig die nächste an.

»Willst du mir damit sagen, dass ich, wenn ich nicht nach Syrien reise, eine schlechte Muslimin bin, die nicht ins Paradies kommen wird?«

»Genau … Aber noch ist nichts verloren, ich werde dir helfen … Ich werde dein Beschützer sein. Darf ich dir eine Frage stellen?«

Und wieder ein Smiley, das letzte ist schon lange her. Melodie hat also die Wahl zwischen Syrien und der

Hölle. Wenn Bilel ihr von dem Land erzählt, ist Syrien die reinste Postkartenidylle. Der Dschihadist, der sein Netz fein gesponnen hat, fährt fort:
»Ich habe mir mal deine Profileinträge angeschaut und nur ein einziges Foto gefunden. Bist das du?«
Mist! Das Foto hatte ich komplett vergessen. Als ich Melodies Facebook-Account vor sechs Jahren eingerichtet habe, mussten die Frauen von radikalen Islamisten nicht unbedingt ihr Gesicht verhüllen. Doch inzwischen erlauben radikale Islamisten, die ihren Ehefrauen den Zugang zu sozialen Netzwerken gestatten, nicht mehr, sich so zu zeigen. Und ich hatte nicht mehr an dieses alte Foto gedacht, das eine hübsche junge Blondine zeigt.
Völlig überrumpelt, muss ich improvisieren:
»Das ist ein Bild von meiner großen Schwester! Da sie nicht konvertiert ist, verschleiert sie sich nicht. Aber ich schon.«
»Du hast mir vielleicht einen Schrecken eingejagt, maschallah! Niemandem ist es erlaubt, dich zu betrachten! Eine ehrenwerte Frau zeigt sich nur ihrem Ehemann so. Wie alt bist du, Melodie?«
Bisher hatte ich das Gefühl, mich mit einem Autoverkäufer auszutauschen. Doch plötzlich habe ich den unangenehmen Eindruck, es mit einem Pädophilen zu tun zu haben. Am liebsten würde ich ihm sagen, dass Melodie minderjährig ist – nur um seine Reaktion zu erleben. Doch wenn ich ihm tatsächlich irgendwann via Skype begegnen muss, hätte ich ein Problem. Immerhin bin ich über dreißig. Auch wenn ich auf andere jünger wirke, bin ich nicht so dumm zu denken, als Jugendliche durchzugehen.

»Bald werde ich zwanzig.«
»Darf ich dir noch eine Frage stellen?«
Ihm ist Melodies Alter offenbar völlig egal. Würde er genauso mit ihr reden, wenn sie ihm gesagt hätte, sie sei fünfzehn?
Es ist Mitternacht in Syrien und 23 Uhr in Frankreich. Meine Schachtel Zigaretten ist leer. Ich bin inzwischen ausgelaugt und ahne, dass seine nächste Frage mir für heute Abend den Rest geben wird.
»Gibt es jemanden, der, wie ihr es nennt, dein Verlobter ist?«
Hab ich's nicht geahnt! Die Unterhaltung nimmt eine Wende, die mir nicht behagt. Melodie wird der Frage nicht ausweichen, sie kann das nicht:
»Nein, da gibt es niemanden. Doch es ist mir peinlich, mit einem Mann über so etwas zu reden. Das ist haram[1]. Meine Mutter kommt bald von der Arbeit, ich muss meinen Koran verstecken und ins Bett.«
»Bald wirst du nichts mehr verstecken müssen, inschallah! Sag mir einfach, ob ich mich mit dir verloben darf.«
»Aber du kennst mich doch gar nicht …«
»Und?«
»Vielleicht gefalle ich dir nicht.«
»Du bist so sanft. Es ist deine innere Schönheit, die zählt … Ich habe ein gutes Gefühl bei dir. Und ich will dir helfen, das Leben zu leben, das dich hier erwartet. Mein Herz blutet, wenn ich höre, dass du dich verstecken musst, um zu beten. Tag für Tag kämpfe ich dafür – und dafür, dass man die Scharia respektiert.«

1 Sünde

Wut überkommt mich. Es ist nicht so sehr seine Bitte, die mich stört, sondern die Instrumentalisierung seiner Religion. Der Islam, das zumindest ist meine Meinung, ist eine ehrwürdige Religion, die ihre Gläubigen zur Solidarität ermahnt. Ich selbst glaube nicht an Gott, bewundere aber diese Gemeinschaft, die überall auf der Welt anerkannt ist. André Malraux hatte es vorhergesagt: »Das 21. Jahrhundert wird religiös sein, oder es findet nicht statt.« Dieses Zitat wird oft verfälscht wiedergegeben. Malraux bezog sich damit auf die Spiritualität, auf die »erhebenden« Gefühle. Bilel hingegen vertritt eine ultraradikale Doktrin, die – unter anderem mit vorsintflutlichen Praktiken – Frauen dazu zwingt, einen Ganzkörperschleier zu tragen, und sie auffordert, sich schon mit vierzehn zu verheiraten. Einige dieser Gesetze sind von einer nicht zu tolerierenden Grausamkeit: Eine Ehebrecherin wird gesteinigt, beim Mann wird das gleiche Vergehen lediglich mit einer Geldstrafe geahndet, dem Dieb wird die Hand abgeschlagen … Und Daisch will die Scharia definitiv im Nahen Osten durchsetzen, dann im Rest der Welt.

Darüber hinaus spielt sich Bilel als Oberlehrer auf: Um die Scharia zu respektieren, darf Melodie keinen Zentimeter ihres Körpers, die Hände eingeschlossen, auch nur irgendjemandem zeigen. Ein Schleier, der das Oval ihres Gesichts offen lässt, ist nicht ausreichend. Sie muss eine Burka tragen und noch einen zweiten Schleier darüberlegen. Seine Predigten nerven mich zusehends. Ich versuche, ihn zu beschwichtigen.

»Meine Mutter hat meine große Schwester und mich allein aufgezogen. Sie hat zwei Halbtagsjobs, damit es uns an nichts fehlt. Ich bin in aller Heimlichkeit konvertiert. Sie würde mich nicht daran hindern, meine Religion zu leben.«

»Deine Mutter ist sicher eine gute Frau. Sie ist nur ein wenig vom rechten Weg abgekommen, zu dem sie hoffentlich bald zurückfindet, dem einzig wahren, der zu Allah führt.«

Angesichts seiner Engstirnigkeit, seiner erschreckenden Unredlichkeit und seiner blinden Werturteile bin ich sprachlos. Was er sagt, ist zwar ideologisch dürftig, aber relativ kohärent. Auf die Fragen von Melodie reagiert er mit Phrasendrescherei: Alle Antworten finden sich im Islam. In der mittelalterlichen Auslegung des Islam, die Daisch propagiert. Dieselbe alte ideologische Leier wie bei allen Diktaturen … Es wird Zeit, diese Unterhaltung, die schon viel zu lange dauert, zu beenden. Melodie wiederholt, dass sie zu Bett gehen muss. Bilel pflichtet ihr bei und wünscht ihr schöne Träume. Und:

»Bevor du dich schlafen legst, beantworte mir noch eine Frage: Willst du dich mit mir verloben?«

Ich logge mich aus.

Wir haben in rund zwei Stunden hundertzwanzig Nachrichten ausgetauscht. Ich lese sie mir noch einmal alle komplett durch. Erst danach, sehr spät, rufe ich schließlich Milan an.

Montag

Ich wache früh auf. Das ist eigentlich nicht meine Art. Ich eile in die Redaktion der Zeitung, für die ich oft arbeite – ungeduldig, einem der Chefredakteure von diesem Wochenende zu berichten, das ich als emotionsgeladen bezeichnen würde. Auch er verfolgt die Ausbreitung der radikal-islamischen Bewegung im Netz. Vierundzwanzig Stunden zuvor hatte ich ihm per Mail das Video geschickt, das Bilel zeigt, wie er stolz den »Inhalt« seines Geländewagens präsentiert. Der Chefredakteur findet es verblüffend, dass der Kontakt so leicht herzustellen war. Genau wie ich sieht er sofort die einmalige Chance, auf diese Art wertvolle Recherche durchzuführen und das Ergebnis anschließend zu einer fundierten Reportage über das Phänomen des Cyber-Dschihad zu verarbeiten. Jedoch bittet er mich, größtmögliche Wachsamkeit walten zu lassen, denn die Sache kann sich durchaus als gefährlich erweisen. Während er mich einerseits mit Vorsichtsappellen überhäuft, entwickelt er das Projekt weiter, indem er mir einen Fotografen zuteilt, André, einen meiner engen Freunde, der ebenfalls freiberuflich tätig ist. Wir arbeiten seit vielen Jahren zusammen und verstehen uns bestens. Ich werde also der Skype-Verabredung zustimmen, die Bilel vorgeschlagen hat. André wird während des Video-Dates Fotos von meinem Gesprächspartner machen. Zusammen mit mir, Anna, wird er der zweite Zeuge der Show sein, die Bilel für Melodie abzieht. Dabei komme ich mir auch etwas blöd vor. Denn plötzlich bin ich selbst zum Objekt meines Themas geworden, zu einem der beiden Hauptakteure dieses Märchens, bei dem jeder nur eine Teilwahrheit liefert … So etwas ist mir noch nie passiert, und es irritiert mich. Ich hatte Bilel eher als eine Art »bösen Geist« gesehen, den ich bei Bedarf konsultieren kann. Und jetzt stecke ich selbst mitten in der Sache drin und muss mich seinen Machtgelüsten unterwerfen …

Zunächst muss ich jedoch über ein alles andere als unwichtiges Detail nachdenken: Wie werde ich zu Melodie? Ich muss mich um mindestens zehn Jahre jünger machen, einen Schleier und alle anderen Accessoires auftreiben, die mir dabei helfen können, in die Haut einer sehr jungen Frau zu schlüpfen. Eine der Chefredakteurinnen, eine frühere Auslandskorrespondentin, die sich ebenfalls eingehend mit dem Thema beschäftigt, leiht mir einen Hidschab[1] und ein schwarzes Kleid, eine Art Dschellaba. Bilel ist derart radikal, dass er mit Melodie nur sprechen wird, wenn der

1 Der Hidschab ist ein Schleier, vergleichbar mit dem Tschador, der das Oval des Gesichts unbedeckt lässt. Wird auch das Gesicht vollständig verhüllt, spricht man von Niqab, Burka oder, in einigen Ländern, Sitar.

größte Teil ihres Körpers verhüllt ist. Er ist achtunddreißig Jahre alt und hat andere Ansprüche als die jungen, aufstrebenden Dschihadisten. Das kommt mir sehr entgegen. Denn die Vorstellung, dass ein mutmaßlicher Mörder, der jederzeit nach Frankreich zurückkehren kann, mein Gesicht kennt, versetzt mich nicht gerade in einen Zustand freudiger Erregung.

Am selben Abend gegen sechs Uhr kreuzt André bei mir auf. In Syrien ist es eine Stunde später. So haben wir noch rund sechzig Minuten Zeit, uns vorzubereiten, bevor Bilel »vom Kampf zurückkehren« und Melodie kontaktieren wird. Wir suchen den geeigneten Blickwinkel, aus dem der Computerbildschirm deutlich zu sehen, meine Gestalt hingegen nur vage erkennbar ist. Die Vorgaben waren strikt: Andrés und meine Sicherheit haben Vorrang. Während er im Wohnzimmer seine Einstellungen vornimmt, ziehe ich über meine Jeans und meinen Pullover die dunkle Melodie-Verkleidung. Die schwarze Dschellaba mit ihrer kleinen Satinschleife in der Taille ist recht kleidsam. Sie reicht bis auf den Boden. Ich mache mit meinem Handy ein Foto von dieser Hülle, die meine ausgetretenen Converse-Turnschuhe bedeckt. Man könnte mich tatsächlich für zwanzig halten. Doch verstehe ich es nicht, den Schleier richtig zu tragen, und das Ergebnis ist eher komisch. André bricht in Lachen aus, als ich ins Zimmer zurückkomme. »Du musst ihn viel weiter in die Stirn ziehen«, ruft er belustigt und hält diesen Anblick auf einem Foto fest. Er hilft mir, den Hidschab richtig anzulegen, so dass nur das Oval meines Gesichts frei bleibt und keine einzige Haarsträhne hervorschaut.

Für andere Reportagen bin ich bereits früher in eine Burka geschlüpft. Nie habe ich dabei dieses Gefühl der Beklemmung empfunden, das einige verschleierte Frauen beschreiben. Der Blick der anderen ist jedoch tatsächlich bedrückend. Das Kleidungsstück selbst hingegen hat mich nie gestört. Der Hidschab jedoch ist neu für mich. Ich habe den schrecklichen Eindruck, wieder in die Kindheit zurückversetzt zu sein und eine Kapuzenmütze zu tragen! Dieses mir von meinen Eltern aufgezwungene Folterinstrument weckt bei mir schlechte Erinnerungen. Genau wie damals bei der kleinen fünfjährigen Anna juckt meine Haut, und ich erkenne mein eigenes Gesicht nicht, eingezwängt wie die Wurst in der Pelle. Andrés offenkundige Belustigung macht die Situation noch lächerlicher. Ich ziehe meine Ringe von den Fingern, weil ich vermute, dass Bilel dieses Zeichen von Frivolität nicht gefallen würde. Außerdem muss ich mich, um Melodie zu werden, aller Erkennungsmerkmale entledigen. Ich kann mir nicht vorstellen, dass sie solche Ringe tragen würde wie ich, breit und auffällig. Ein kleines Tattoo, das mein Handgelenk ziert, verberge ich unter etwas Make-up. Den ganzen Tag über hatte ich mir vorgenommen, Nagellackentferner zu kaufen, um den knallroten Lack auf meinen Fingernägeln zu beseitigen. Ich habe es vergessen. Egal. Wenn der kampferprobte Bilel mich darauf anspricht, wird mir schon etwas einfallen.
Die Zeit rückt näher. André bemüht sich, mich zu beruhigen, indem er über andere Dinge redet. Er nimmt bei mir eine Mischung aus Ungeduld, Aufregung, Zweifel und Furcht wahr. Besonderen Nachdruck lege ich auf dieses letzte Wort. Ich habe zwar

keine Angst vor dem Terroristen, dem ich gleich begegnen werde, ich habe schon mit ganz anderen Typen geskypt. Doch ich ahne, dass ich viel erfahren werde, und habe die Sorge, dass Melodie dem vielleicht nicht gewachsen ist. Kaum habe ich meinen Computer angeschaltet, sehe ich, dass Abu Bilel bereits auf Facebook online ist und ungeduldig auf Melodie wartet:

»Bist du da?«

»Skypen wir?«

»Melodie?«

»Hallo? LOL.«

»Melodie???«

»Pardon: Salam alaikum … ☺ Bist du da???«

Montag, 20 Uhr

So. Ich bin fast fertig. Ich hocke im Schneidersitz auf meinem Sofa. Die Rückenlehne ist hoch genug, so dass Bilel nicht allzu viele Hinweise erhält, anhand deren man meine Wohnung identifizieren könnte. André hat zudem ein sehr schönes, bekanntes und vielfach preisgekröntes Foto abgehängt, das drei Jahre zuvor in Libyen aufgenommen wurde. Er steht in einem toten Winkel hinter dem Sofa. Melodie gewinnt Zeit, indem sie Bilel zuerst schriftlich antwortet. Mein Smartphone ist aufnahmebereit. Ich bin noch mit einem zusätzlichen Prepaidhandy ausgerüstet, das ich mir ein paar Stunden zuvor gekauft habe. Der IS verfügt über jede Menge Spionageabwehr-Fachleute, die mit allen Methoden des unerlaubten Zugriffs auf Nachrichten vertraut sind. Es ist vernünftiger, wenn Bilel meine Nummer nicht kennt. Melodie hat daher jetzt ihre eigene. Ich habe mich auch darum gekümmert, einen neuen Skype-Account auf ihren Namen anzulegen. Auf YouTube hatte ich eine Anleitung gefunden, wie man seine IP-Adresse verschleiern kann. Sollten sich

die Dinge schlecht entwickeln, hat der Mann keinen Anhaltspunkt, um mich zu finden.
Das Telefon läutet. Der Klingelton erinnert an eine Totenglocke in einem trauernden Dorf. Wenn ich auf die grüne Taste drücke, werde ich zu Melodie. Ich gönne mir die Zeit, noch einmal tief durchzuatmen. Da ist er, ich sehe ihn. Er mich auch. Einen Augenblick lang sagt keiner von uns ein Wort. Bilel mustert Melodie. Seine Augen sind noch immer mit Kohl umrandet. Er zögert nicht, seinem Blick noch mehr »Glut« zu verleihen, als wolle er die junge Melodie verhexen. Ich weiß nicht, ob es daran liegt, dass ich Mühe habe, mich ihm jetzt wirklich zu stellen, aber am meisten interessiert mich der Ort, an dem er sich befindet. Der Dschihadist sitzt in seinem Auto und skypt auf einem topaktuellen Smartphone mit Melodie. In diesem Land, in dem es immer wieder an Wasser und Strom mangelt, verfügt er über eine Hightech-Ausrüstung. Die Verbindung ist gut, was unter diesen Umständen alles andere als selbstverständlich ist. Hört man ihn so reden, gleicht Daisch eher einer Nichtregierungs- als einer Terrororganisation. Was man für den Moment jedoch zumindest sagen kann, ist, dass Bilel nicht das Bild eines humanitären Helfers im Dienst der Ärmsten abgibt. Er wirkt sauber, gepflegt und das sogar nach einem Tag an der Front. Er legt eine selbstbewusste Haltung an den Tag – die Schultern gestrafft, das Kinn vorgestreckt. Aber ich spüre, dass es ihn nervös macht, Melodie zu sehen. Nach einer mir endlos erscheinenden Zeit, bricht er endlich das Schweigen:
»Salam alaikum, Schwester.«
Ich bemühe mich um ein zartes Stimmchen, dabei darf

man nicht vergessen, dass ich seit fünfzehn Jahren rauche wie ein Schlot. Der sanfteste und hellste Tonfall also, der mir möglich ist. Und ich lächle. Dieses Lächeln wird sofort meine beste Verteidigungswaffe, und das wird für die gesamte Dauer meiner Recherche so bleiben. Jedes Mal, wenn ich mich überrumpelt fühle, wird es Melodies Verunsicherung begleiten. Ich glaube, dass es mir am besten gelingen wird, in die Haut einer anderen zu schlüpfen, wenn ich die verständnisvolle Freundin spiele. Aber ich ertrage es nicht, auch nur ein einziges von den Videos anzuschauen, die André gelegentlich von diesen Augenblicken aufnimmt. Wenn ich sie heute konsultiere, sehe ich nicht die naive und unschuldig lächelnde Melodie, die sich beeindruckt mit Bilel unterhält. Ich sehe mich, Anna, ganz in Schwarz auf diesem Sofa, das ich in- und auswendig kenne und von nun an hasse. Ich bin es, die lächelt. Nicht Melodie, die gibt es nicht. Muss ich mich schämen, mich für diese Sache hergegeben zu haben? Ich bin von Natur aus eher zurückhaltend, und mich überkommt Übelkeit angesichts dieser Bilder, denn auch wenn alles nur gestellt ist, so bin es doch ich.

Melodie antwortet mit derselben Höflichkeitsfloskel. Aber sie beendet ihren Satz nicht: André bringt mich aus dem Konzept. Er hüpft um das Sofa herum, um nicht ins Blickfeld der Kamera zu geraten, und gestikuliert wild. Er versucht, mir verständlich zu machen, dass ich im Eifer des Gefechts Bilel nicht korrekt geantwortet habe. Auf »salam alaikum« muss man mit »aleikum salam« antworten. Versehentlich habe ich einen Anfängerfehler gemacht. Ich möchte lachen, und gleichzeitig würde ich André gerne an meiner Stelle sehen. Aber ich kann nichts tun, Bilel hängt an Melodies Lippen. Selbst wenn er in Syrien sitzt und ich in Frankreich, unsere Gesichter sind nur wenige Zentimeter voneinander entfernt. Mein Blick darf sich auf nichts anderes als den Bildschirm richten. Tausend unzusammenhängende Gedanken schießen mir durch den Kopf. Ich blende André aus, der sich weiter aufführt wie ein Känguru, und bringe bei der ersten Frage von Bilel kaum ein Wort heraus:

»Was gibt's Neues?«

Ernsthaft? Ich hatte nicht erwartet, dass er einen banalen Bericht über Melodies Tag würde hören wollen, wie sie ihn ihrer besten Freundin anvertrauen würde. Überrumpelt wie ich bin, fällt mir keine andere Antwort ein als:

»Eine ganze Menge! Aber ich bin schüchtern, erzähl du zuerst ...«

»Was willst du wissen?«, fragt er mit fester Stimme und einem Lächeln, das großes Selbstvertrauen zur Schau trägt.

Er hat angebissen. Melodies Leben scheint ihn nicht übermäßig zu interessieren. Schade für sie. Umso besser für mich. Dennoch möchte ich keinen Verdacht erregen und zu schnell mit Fragen daherkommen, die mich verraten könnten. Daisch weiß sehr wohl, dass sich viele Journalisten oder Polizisten hinter gefakten Profilen verbergen. Melodie ist zwanzig, und ihr Wissen entspricht ihrem Alter. Politik, Geopolitik und Heilige Kriege, darüber weiß sie nicht sehr viel. Etwas baff fährt sie fort:

»Voll krass, mit einem echten Mudschahed in Syrien zu sprechen. Man könnte meinen, du hast leichter

Internetzugang als ich in Toulouse! Ich muss mir den Computer mit meiner Schwester teilen, und meine Mutter nimmt ihn uns öfter mal ab. Und du sitzt einfach so im Auto, ich glaub, ich spinne! Sogar dein Handy ist neuer als meins!«

Abgesehen davon, dass ich wieder ganz in die Rolle schlüpfe, gebe ich Melodie damit ein Mittel an die Hand, sich Bilel in der Folgezeit zu entziehen, wann sie möchte: Sie ist von einer Familie abhängig und wird Verabredungen mit ihm nicht immer einhalten können.

»Syrien ist genial! Hier gibt es alles! Maschallah, du musst mir glauben: Es ist das Paradies! Es gibt eine Menge Frauen, die von uns, den Kriegern Allahs, träumen …«

»Aber in deinem Paradies sterben jeden Tag Menschen …«

»Richtig … Ich kämpfe dafür, dass die Massaker aufhören! Du hast ja keine Ahnung, wie teuflisch der Feind hier ist. Er tötet und entführt die armen Syrer. Er vergewaltigt auch Frauen. Er greift uns an, während wir den Frieden verteidigen!«

»Der Feind ist also der Mann, der Syrien regiert?«

»Unter anderem. Aber es gibt verschiedene Gegner …«

Neben dem Regime von Baschar al-Assad nennt er die al-Nusra-Front, den bewaffneten Ableger von al-Qaida, aber auch die Syrer und alle, die er als Ungläubige bezeichnet. Daisch zögert nicht, das bereits durch die Diktatur der Alawiten unterdrückte Volk zu dezimieren, wenn es sich nicht den Regeln unterwirft, die die Terrororganisation sich passend zurechtgebogen und vorgeschrieben hat. Doch ich spüre, dass der Krieger keine Lust hat, sich über dieses Thema weiter auszulassen. Bei seiner Strategie, die darauf abzielt, seine Beute zu lähmen, wäre es unvernünftig, mit einem blutrünstigen Bericht über die Ausschreitungen zu beginnen, an denen er tagtäglich beteiligt ist. Noch unvernünftiger wäre es, sich über solche auszulassen, die Melodie besonders zu schaffen machen, nämlich solche, die sich gegen die Schwächsten richten.

»Du bist ganz schön neugierig«, fährt Bilel fort. »Sag mal, trägst du deinen Hidschab jeden Tag?«
Melodie plappert nach, was mir die meisten Mädchen anvertraut haben, die heimlich konvertiert sind und denen ich im Rahmen meiner Reportagen begegnet bin:
»Morgens ziehe ich mich ganz normal an. Ich verabschiede mich von meiner Mutter, und wenn ich außer Sichtweite bin, ziehe ich schnell meine Dschellaba und meinen Schleier an.«
»Das ist gut, ich bin stolz auf dich. Ganz schön mutig, was du da tust. Du hast eine schöne Seele. Und auch ein hübsches Äußeres …«
Bilel mustert Melodie mit lüsternem Blick. Sie bittet ihn, ihr die Landschaft zu zeigen. Er behauptet, in der Nähe von Aleppo zu sein. Tatsächlich muss er sich wenige Kilometer von der Stadt Rakka, dem Hauptquartier des Daisch, entfernt befinden. Es ist die erste Stadt, in der die Terrororganisation einen Staat mit ihren Gesetzen und ihrer strikten Politik errichtet hat, indem die Bewohner barbarisch unterworfen wurden.
»Der Prophet sagt, man solle seine Frau nach ihrem

Edelmut aussuchen, denn dieser mache ihre Schönheit aus«, fügt er hinzu. »Aber wenn eine Frau auch noch beides besitzt …«
Bilel beißt sich auf die Lippen und starrt das Wenige an, das er von mir erkennen kann. Ich lächle. Auf Bitten Melodies hin steigt er aus seinem Auto, und sein Smartphone zeigt mir Bilder eines zerstörten Landes. Niemand weit und breit. Es muss dort jetzt etwa 21 Uhr sein. Kein Geräusch ist zu hören. Plötzlich zerreißen grobe Männerstimmen die düstere Stille. Bilel wendet sich beunruhigt an mich:
»Sag nichts! Niemand darf dich sehen oder hören! Du bist mein Juwel, du bist unschuldig. Okay? Hast du verstanden? Sag, dass du das verstanden hast.«
Melanie nickt. Dann kommt kein Ton mehr aus ihrem Mund, bis sie neue Order erhält. So kann ich die Unterhaltung mithören. Mir scheint, ich kann die Stimmen zweier anderer Männer unterscheiden. Sie begrüßen sich auf Arabisch und sprechen dann sofort Französisch, das ihre Muttersprache zu sein scheint. Sie lachen auch viel, während sie sich dazu beglückwünschen, »sie abgeschlachtet zu haben«. Einer der Männer fragt:
»Salam alaikum, was gibt es Neues hier? Machst du Überstunden oder was?«
»Ich spähe die Lage noch etwas aus, Bruder … Nichts Besonderes, alles ruhig hier! Diese Zone ist durchkämmt worden, wie du weißt!«
Kaum hat er seinen Satz beendet, erscheint ein hämisches Lächeln auf seinem Gesicht, das ich nicht gut sehe, aber gut genug, um den Ausdruck erkennen zu können. Unter »durchkämmen« versteht Bilel, dass der Ort von seiner Miliz gestürmt wurde. Das getrocknete

Blut, das ich auf dem Asphalt erkenne, zeugt noch davon. In der Ferne wehen die schwarzen Flaggen des IS mit den weißen Schriftzeichen. Ich höre ihn über verschiedene Themen vom Leder ziehen, insbesondere dass er ungeduldig auf seine »amerikanische Ladung«, aber auch seine »Schokoriegel« wartet … André und ich werfen uns einen vielsagenden Blick zu. Bilels Gesprächpartner scheinen ihm gegenüber einen gewissen Respekt zu bezeugen. Sie beglückwünschen ihn enthusiastisch. Das Gespräch ist zu kurz, um Schlussfolgerungen ziehen zu können, aber der Art nach, wie sie ihn höflich ansprechen, muss mein »Kontakt« eindeutig ranghöher sein als sie. Eine Minute später verabschiedet er sich von seinen beiden Kollegen und greift wieder zum Telefon, um besorgt zu sehen, ob Melodie auf ihn gewartet hat.

»Ach, du bist noch da! Und immer noch so schön …«

»Mit wem hast du gesprochen?«

»Mit Kämpfern, die mich begrüßen wollten.«

»Ah, ich hatte den Eindruck, dass sie dir Bericht erstattet haben … Du willst sicher nicht angeben, aber ich denke, dass du tatsächlich Chef oder so was bist …«

»Stimmt, ich rühme mich nicht gerne … Aber ich werde sehr respektiert …«

»Warum? Bist du Emir?«

Bilel setzt eine gespielt bescheidene Miene auf.

»Du hast durchaus verstanden, wer ich bin … Aber ich will mich damit nicht brüsten. Das muss unter uns bleiben. Wir sind alle für dieselbe Sache hier.«

»Du siehst sehr entschlossen aus … Darf ich dich nach deinem Job fragen?«

»Leute töten.«

»Leute töten ist dein Job? Das ist einfach so ein Job?«
»Pah, tja! Was glaubst du denn, ich arbeite schwer! Wir sind hier nicht im Club Med!«
»Tötest du Ungläubige?«
»Ja. Auch Verräter und jeden, der die weltweite Herrschaft des Islam verhindern will.«
»Wieso, wirst du danach losziehen, um die Welt zu erobern?«
»Unser Chef Abu Bakr al-Baghdadi führt uns dahin, alle Grenzen zu zerstören. Bald, aber das dauert natürlich noch, wird die Erde ein einziges großes Land von Muslimen sein.«
»Und wenn jemand das nicht will?«
»Bah, dann heißt es ›an die Arbeit‹ … Und am Ende werden wir Erfolg haben …«
»An die Arbeit? Wirst du sie alle töten?«
»Ich und meine Männer, alleine kann ich das nicht! Maschallah.«
»Ich bin sicher, dass du bei der Einnahme von Rakka dabei warst … Die Fotos vom IS waren überall zu sehen.«
Der Kampf um Rakka im März 2013 bleibt einer der blutigsten, den Daisch gewonnen hat. Er zeugte von dessen Schlagkraft. Zusätzlich zu den Flaggen der Organisation, die überall in der Stadt wehten, wurden die abgeschlagenen Köpfe der Gegner auf einem der Hauptplätze der Stadt zur Schau gestellt. Bilder dieser verstümmelten Leichen gingen als Propagandamaterial um die Welt. Selbst Melodie hat sie auf Twitter gesehen … Ich muss mir ein Roboterverhalten zulegen und möglichst viele Fragen stellen. Über Bilels Wahnsinn werde ich später nachdenken.

»Du bist ja wirklich lustig! Ja, natürlich, die haben wir in die Luft gesprengt! Das war so irre … Ich werde dir Fotos davon schicken.«
Er wird es tatsächlich tun. Diese morbide Erinnerung bereitet ihm eine unglaubliche Freude, die er gar nicht zu verbergen versucht. Im Gegenteil. Er fährt fort:
»Aber das ist jetzt egal, du fragst zu viel. Erzähl lieber von dir!«
»Erklär mir vorher nur noch eins … Du sagst, dass du schlechte Menschen tötest, um die Welt zu verbessern, aber warum werden sie verstümmelt? Wenn eure Sache so edel ist, warum müsst ihr dann so barbarisch sein?«
»Also das ist so: Wir[1] nehmen unsere Gebiete ein, indem wir alle eliminieren. Aber jeder hat seine genau definierten Aufgaben. Ich beispielsweise habe, ohne mich damit rühmen zu wollen, eine wichtige Position inne, denn ich überwache vor allem die Operationen. Ich gebe die Befehle. Und wenn alle Ungläubigen tot sind, entscheidet der Emir, was mit ihren Leichen geschehen soll.«
»Das heißt?«
»Hey, du hast doch Videos und Fotos gesehen, hast du gesagt, oder? An dem Tag zum Beispiel hat der Emir von Rakka verlangt, dass die Köpfe abgeschlagen werden. Aber los, erzähl mir jetzt von dir!«
»Okay, aber ich bin sehr schüchtern! Zeig mir zuerst dein Auto, das ist ja voll mit irgendwelchen Sachen!«
Bilel, der jedes Mal entzückt ist, wenn die, die er bereits als seine Zukünftige betrachtet, ihm schmeichelt, kommt der Bitte nach. Melodie sagt ihm, dass die

---

1 Die jeweilige Brigade, in diesem Fall Daisch

kleine weiße Maschinenpistole, die neben vielen anderen auf der Rückbank liegt, sehr hübsch sei. Bilel nimmt sie und bietet an, sie ihr zu schenken. Er lacht:
»Wundert mich nicht, dass dir genau die gefällt! Ihr Frauen liebt dieses Modell, weil es so einfach zu handhaben ist! Magst du Waffen? Ich werde dir jede Menge schenken und obendrein eine schöne Kalaschnikow!«
Das Schlimmste ist, dass ich in diesem Moment auf seinem Gesicht Aufrichtigkeit sehe.
»Darüber möchte ich gerne mehr erfahren. Aber was hat das mit Religion zu tun?«
»Was hat dich auf den Weg zu Allah geführt?«
Ich sterbe fast vor Verlangen nach einer Zigarette. In diesem Moment ist mein Gehirn unfähig, an etwas anderes zu denken. Wie bereits gesagt, gibt es diese Melodie seit Jahren, aber bislang hat sie nicht wirklich existiert. Sie war nur ein Name auf einem Facebook-Profil. Noch heute Morgen hätte ich mir nicht vorstellen können, dass ich für Bilel die Geschichte einer verlorenen und höchst sensiblen Seele würde improvisieren müssen. Ich hatte keine Zeit, ein »echtes« Leben für sie zu erfinden. Mein Schleier kratzt, und wenn es mir gelingt, einen kurzen Blick zu André zu werfen, der für seine Hyperaktivität bekannt ist, sehe ich, dass er völlig perplex dasitzt. In Verlegenheit gebracht, stammelt Melodie:
»Mein Vater hat uns verlassen, als ich noch ganz klein war. Meine Onkel haben sich viel mit mir beschäftigt, wenn meine Mutter überfordert war. Einer meiner Cousins, ein Muslim, hat mich fasziniert, weil er in seiner Religion so einen inneren Frieden gefunden hatte. Er hat mich dorthin geführt.«

»Weiß er, dass du nach Asch-Scham[1] auswandern willst?«
Einmal mehr geht Bilel davon aus, dass bereits alles abgemacht ist: Melodie wird bald in Syrien eintreffen.
»Ich weiß nicht, ob ich wirklich komme …«
»Hör mal, Melodie … Es gehört unter anderem zu meinem Beruf, Leute zu rekrutieren. Auf dem Gebiet bin ich äußerst begabt. Du kannst mir vertrauen, man wird hier sehr gut zu dir sein. Du wirst eine wichtige Funktion haben. Und wenn du einwilligst, mich zu heiraten, werde ich dich wie eine Königin behandeln.«

1 Syrien

Montag, 21.30 Uhr

Ihn heiraten?! Reflexartig logge ich mich bei Skype aus. Ich lege meinen Hidschab ab und drehe mich zu André um, der mindestens so verdattert ist wie ich. Wir sehen uns an und bringen nichts anderes mehr hervor als »Scheiße, Scheiße, Scheiße!«. Beide wissen wir: Noch können wir alles stoppen, und dann ist dieser Abend nichts als eine Anekdote unter vielen anderen. Aber natürlich tun wir das nicht. Wir wollen mehr ... Das ist das Ziel der Recherche: immer mehr herausfinden. Hätte ich Bilel bei diesem Antrag tatsächlich gegenübergestanden, wäre ich Hals über Kopf davongelaufen, aber hier trennt uns glücklicherweise ein Bildschirm. Man muss die Dinge relativ sehen. André explodiert:

»Was für ein verdammter Drecks...! Er will dich heiraten, jetzt schon?«, brüllt er, so als würde er sich direkt an Bilel wenden.

André kennt die Propagandamethoden des IS bestens, aber nun wird ihm urplötzlich bewusst, wie ungeheuerlich dieser ganze Horror eigentlich ist. Er ist Vater von dreizehnjährigen Zwillingen, und die Tatsache, dass Kinder zunehmend in den Heiligen Krieg geschickt werden, macht ihn regelrecht krank. Er ist in Frankreich geboren – Vater Algerier, ein Kabyle, Mutter Spanierin. Er glaubt an Gott, aber außer dass er hin und wieder mal eine Kerze anzündet, praktiziert er keine Religion. Er ist einfach gläubig. Bandenführer wie Bilel hat er in seiner Jugend zuhauf gekannt, zu einer Zeit, als der Staat bei kleinen Delikten ein Auge zudrückte. Er hegt abgrundtiefen Hass gegen die gewaltsam erzwungene Führerschaft von Daisch. Was soll ich Bilel antworten? Mein Kollege rät mir, Ausflüchte zu suchen und zu erklären, dass Melodie als Unverheiratete nicht allein in Syrien eintreffen wolle. Falls sie überhaupt fährt.

Bilel meldet sich erneut. Ich ziehe hektisch an der Zigarette, die André mir hinhält. Der Konsum von Tabak sowie von Alkohol ist im Daisch haram, das heißt verboten und wird streng bestraft. Als Melodie sich wieder einloggt, behauptet sie, die Internetverbindung sei sehr schlecht, und wiederholt einfach das, was André ihr vorgeschlagen hat. Sie fügt hinzu, sollte sie diese Reise antreten, würde ihr Cousin sie begleiten. Denn eine ehrbare Frau reise nun mal nicht allein. Außerdem wolle der Cousin auch der Sache dienen. Melodies Erklärungen erfreuen den Kämpfer allerdings nicht.

»Wenn du willst, aber ich verstehe nicht, warum. Du brauchst ihn nicht. Dutzende junger Mädchen und Frauen treffen hier wöchentlich alleine ein … Du bist nicht so mutig, wie ich dachte, Melodie.«

Mit zwanzig Jahren besteht man auf Anerkennung für

seinen Mut und seinen Eifer. Und genau das tut Melodie.

»Wie bitte, ich soll nicht mutig sein? Man sieht, dass du nichts von meinem Leben weißt! Wenn ich alles zurücklassen soll, um meinen Dschihad zu machen, möchte ich erst mal Antworten auf meine Fragen bekommen und dann, begleitet von meinem Cousin, reisen. Wenn ich kämpfe, möchte ich genau wissen, wofür.«

»Na gut, und was ist dein Leben? Wenn dein Cousin ein *Wahrhaftiger*[1] wäre, wüsstest du es … Aber wenn du unbedingt mit ihm kommen willst – mach, wie du willst.«

Bilel blickt verdrießlich drein. Ich verstehe das zunächst nicht, da verschiedene Mudschaheddin mir erklärt hatten, »Menschen auf den Weg zu Allah zu führen« sei ein wertvolles Sesam-öffne-dich, um ins Paradies zu gelangen.

»Vertraust du meinem Cousin nicht, oder willst du einfach nur, dass ich allein komme?«

»Mach, was du willst, aber hast du nicht vielleicht ein paar Freundinnen, die ihre Hedschra machen wollen?«

Das war es also! Ich frohlocke innerlich, während ich beobachte, wie er zu rechtfertigen versucht, dass es ihm ganz und gar nicht missfallen würde, wenn Melodie mit einer Ladung präpubertärer Mädchen auftauchen würde. André kann einen Seufzer des Zorns nicht unterdrücken.

»Ich weiß nicht recht. Ich bin sehr zurückhaltend, was meine Religion betrifft, und nur wenige sind einge-

---

1 Ein guter Gläubiger gemäß der Scharia

weiht. Was ändert es, ob ich nun mit einem Mann oder einer Frau komme?«

»Nichts. Es ist nur so, dass die Frauen in Europa schlecht und wie Objekte behandelt werden.« Er seufzt. »Die Männer tragen euch am Arm zur Schau wie Trophäen. Natürlich sollen sich möglichst viele Menschen Daisch anschließen, aber vor allem diejenigen, die schlecht behandelt werden, wie zum Beispiel die Frauen.«

Er lässt mir keine Zeit zu reagieren.

»Melodie, antworte mir … Willst du meine Frau werden? Hast du gehört, was ich dich gefragt habe, Melodie? Willst du mich heiraten?«

»Ich … Nun … Das sind Dinge, zu schön und persönlich, um hier besprochen zu werden. Und so schnell …«

Das in Gegenwart von André zu hören, stört mich noch mehr. Ich werde diesem Verrückten schöntun müssen – und das unter den Augen eines Freundes, der mich als seine kleine Schwester betrachtet und Milan gut kennt. Ich unterbreche die Videoverbindung. Bilel kann sich weiter mit Melodie austauschen, aber nur mündlich[1]. Ich tue das für mich. Um nicht mehr dieses Gesicht ertragen zu müssen, das förmlich am Bildschirm klebt, sich quasi in mein Zimmer drängt. Ich wechsle das Thema:

»Meine Freundin Yasmine ist Muslimin. Sie hat sich bitterlich bei mir beklagt, dass sie ihren Glauben in Toulouse nicht frei leben kann. Sie könnte mit mir kommen, doch ich fürchte, das wird nicht möglich sein, weil sie minderjährig ist …«

---

1 Skype-Verbindungen können audio/video sein oder nur audio.

»Aber natürlich kann sie!«
»Sie ist erst fünfzehn …«
»Ich kämpfe jeden Tag dafür, die Scharia durchzusetzen. Hier dürfen die Frauen ab vierzehn Jahren heiraten! Sie soll kommen, deine Yasmine, und ich finde einen guten Bruder als Ehemann für sie, der sich bestens um sie kümmern wird. Das ist ein richtiger Beruf hier, die Europäerinnen mit möglichen Ehemännern zusammenzubringen. Sie warten in einem Hotel darauf, dass man ihnen ledige Mudschaheddin-Brüder vorstellt!«
Yasmine existiert natürlich nicht. Aber wie viele minderjährige Mädchen geraten in diesem Augenblick in die Fänge solcher Männer wie Bilel?
»Bilel, ich muss aufhören, meine Mutter kommt.«
»Ich erwarte dich morgen. Wie immer nach den Kämpfen, so gegen neunzehn Uhr. Inschallah … Gute Nacht, meine Kleine.«
Meine Kleine?

Ich logge mich aus. André steht auf, um das Fenster zu öffnen. Die Luft in dem Zimmer ist zum Ersticken. Wir wussten all das mehr oder weniger. Aber eine solche Anmache, und so schnell … André wettert gegen Bilel, während ich ruhelos auf und ab gehe. Er ist genauso bestürzt wie ich. Fassungslosigkeit, Wut, Empörung, aber auch eine gewisse Befriedigung angesichts des Erfolgs unserer ersten Schritte in die Psyche des Mörders. Man wird seine blutrünstige Ideologie ertragen und auf sein Spiel eingehen müssen. Aber er ist auch auf Melodie eingegangen: Zu keinem Zeitpunkt schien er seiner Gesprächspartnerin zu misstrauen, und das

Ergebnis, das ahnen wir, kann uns zu etwas Wichtigem führen. Aber lohnt sich das Spiel? Zwiespältig zerpflücken wir die Aussagen des Terroristen. Ich habe sofort meinen Schleier abgelegt, nicht aber mein Gewand. Als ich aufstehe, trete ich versehendlich auf den Saum und falle fast hin. André, der selten eine Gelegenheit auslässt, sich über mich lustig zu machen, enthält sich jeden Kommentars. Verstört und sichtlich von Adrenalin aufgewühlt, macht er sich auf den Heimweg. Dann bombardiert er mich bis spät in die Nacht hinein mit SMS. Mein Kollege hat nur wenige Fehler bis auf den, nicht diplomatisch zu sein … Glaubt man seinen Nachrichten, gehe ich ein gewaltiges Risiko ein. Trotz der Spötteleien in Sachen Bilel, die wir uns erlauben, sind wir uns beide bewusst, wie gefährlich der Mann ist. André will weitermachen, rät indes, den Dschihadisten nicht zu sehr zu reizen. Seine Vergeltung könnte schrecklich sein. »Schließen wir die Sache so schnell wie möglich ab und widmen wir uns dann einem anderen Thema.«

Melodie

Melodie ist ein Walzer der tausend Tempi. Dieses Leben, durch das sie sich geschickt wie eine Seiltänzerin laviert, hat sie in eine tickende Zeitbombe verwandelt. Sie will niemandem Böses, höchstens sich selbst. Sie ist überempfindlich, weil das Überleben ein Kampf für sie ist. Seit zwanzig Jahren trauert sie ihrem Vater nach, den sie kaum gekannt hat. Sie glaubt, ihre Geburt sei der Grund dafür gewesen, dass der, den sie nie Papa nennen konnte, gegangen ist. Er wollte nicht heiraten und noch weniger Vater werden. Mit der Geburt des zweiten Kindes war es mit seiner ohnehin wenig ausgeprägten Geduld vorbei. Er hat sie nie anerkannt. Seit Melodie das weiß, bemüht sie sich, die gebrochenen Herzen und verwirrten Köpfe ihrer Freunde wieder in Ordnung zu bringen, nachdem es ihr nicht gelungen ist, die Beziehung ihrer Eltern zu retten. Zudem ist es die perfekte Rolle, die »verständnisvolle Freundin« zu sein, wenn man, wie sie, versucht, den eigenen Schmerz zum Schweigen zu bringen. Wenn sie anderen helfen kann, vergisst sie ihre Verzweiflung. Für einen kurzen

Moment fühlt sie sich weniger leer. Zwanzig Jahre tappt sie nun schon orientierungslos auf der Suche nach einem Sinn durchs Leben, ohne an morgen zu denken. Die Jüngste in diesem Frauenclan versinkt in der Trauer um ihren Mangel an Selbstvertrauen. Würde es Melodie gelingen, den dumpfen Schmerz, der an ihr nagt, in Worte zu fassen, würde sie ihrer Mutter gestehen, dass es letztlich vielleicht sogar besser war ohne einen Vater im Haus. Dass ihre »Mutter Courage« es mit den beiden Kleinen doch ziemlich gut hinbekommen hat. Im Allgemeinen halten Kinder, die in den Dschihad ziehen, zumindest den Kontakt zu ihren Müttern. Auch wenn sie versuchen, diese zum Konvertieren zu bewegen, bleibt diese Bindung an die Mutter der einzige Ankerpunkt, der sie noch mit ihrem früheren Leben verbindet.

Melodie ist unbeständig und unberechenbar wie alle Terroristen. Sie sehnt sich nach Verboten, die sie übertreten kann, und gibt ihrer Bildung auf der Straße den letzten Schliff. Ihre Mutter reibt sich bei der Suche nach kleinen Jobs auf und gerät doch am Fünfzehnten jeden Monats in Panik, weil das Geld hinten und vorne nicht reicht. Als einzige gemeinsame Aussicht bleiben Mutter und Tochter Enttäuschung und Furcht. Als Melodie noch jünger war, dachte sie, es würde einmal der Tag kommen, an dem ihre Mutter sie im Leichenschauhaus würde identifizieren müssen. Wie sehr sie ihre Mutter doch liebt! Aber sie sind so unterschiedlich, dass es Melodie nicht gelingt, ihr ihre Liebe zu zeigen. Das unausgesprochene Leid hat sie eine Zeitlang zum »Problemkind« gemacht, dann durch das Schweigen gleichsam leer werden lassen. Ohne Liebe, ohne Hoffnung.

In dieser Zeit zog sie mit einer Mädchenbande herum, die sich in dem Problemviertel Bellefontaine durch Gewalttätigkeit und Ladendiebstähle hervortat. Eigentlich mochte sie diese Mädchen nicht übermäßig, fand dort jedoch etwas Trost, wenn sich die Tage, an denen sie die Schule schwänzte, in die Länge zogen. Die meisten Mädchen, alle minderjährig und mit Zahnspange, waren nächtliche Stammgäste auf dem Polizeirevier, wo sie auf taubstumm machten. Wegen Ladendiebstahl, aber auch wegen »Prügeleien« … Ihre Spezialität: kräftig zuschlagen. Egal, worum es ging, und selbst dann, wenn der Gegner Hosen trug. Auf Parkplätzen oder in Parkanlagen verbrachten sie die meiste Zeit damit, Fanta zu trinken, sich Fischmacs zu teilen und zu angesagter Musik zu tanzen. Oft langweilte sich Melodie. Sie hielt sich selbst für uninteressant und wunderte sich, dass sie überhaupt einer Gruppe angehörte. Ob über aktuelle Realityshows oder die Entjungferung eines ihr unbekannten Mädchens gesprochen wurde, war ihr im Grunde egal. Da sie sich anders fühlte als diese Mädchen, musste die Erklärung dafür zwangsläufig in ihrer Person begründet sein: Offenbar hatte sie ein Problem …

Ihre persönliche Geschichte mochte zwar traurig sein, war jedoch, verglichen mit denen in ihrer Umgebung, alltäglich. Wenn ihre Freundinnen ihr ihr Unglück anvertrauten, tröstete Melodie sie, ohne je auch nur ein Wort über ihre eigene Niedergeschlagenheit zu verlieren. Nie wollte sie die Aufmerksamkeit auf sich lenken. Sie strebte auch nicht danach, bedauert zu werden; nur geliebt wollte sie sein. Nach und nach wurde sie ihrer Umwelt gegenüber gleichgültig. Doch die Mädchen ihrer Bande sorgten auch für ihren Schutz: Sie stammten alle aus Immigrantenfamilien und kamen aus allen Ecken der Welt. Melodie ist eine Weiße, kennt von ihrem Vater aber lediglich den Vornamen und das Geburtsdatum. Sie hatte immer den Wunsch, woanders geboren worden zu sein – ohne zu wissen, wo genau. Sie hat Cannabis geraucht, bis sie aus dem Alter heraus war, Joints »kreisen zu lassen«, und lieber ihren eigenen rauchte. Und dann reichte es ihr auch damit. Und wieder war sie um eine Illusion ärmer.

Im Toulouser Viertel Bellefontaine, wo sie immer gelebt hatte, ziehen Gerüchte, häufig zu Unrecht, weite Kreise. Viel zu weite. In bestimmten Lebensphasen setzte sie sich gezielt über bestimmte Tabus hinweg. Nur knapp entging sie dem Status einer Kleinkriminellen. Ihre Wahrnehmung der Grenze zwischen Gut und Böse trübte sich zunehmend, wurde immer durchlässiger. Wie bei allem jedoch, was sie bisher ausprobiert hatte, fühlte Melodie sich in ihrer Haut nicht wohler, nachdem der Rausch wieder abgeebbt war. Oder besser gesagt, sie fühlte sich deutlich schlechter, wenn sie, nach einem weiteren Tag auf dem Polizeirevier, beim Heimkommen dem Blick derjenigen auswich, die sie zur Welt gebracht hatte.

Sie versuchte, sich etwas zu beweisen oder vielleicht den Abgrund in ihrem Inneren aufzufüllen. Ihre gutgläubige Art half ihr nicht gerade dabei, Gut und Schlecht zu unterscheiden. Im Märchenland hätte sie nicht Aschenputtel verkörpern wollen, sondern Robin Hood. Ihr Überlebensinstinkt, der aus den Tränen ihrer Mutter und der Verzweiflung ihres trostlosen Viertels geboren war, hat sie gegen schlimmere Laster

gewappnet. Jungs haben sie nie wirklich interessiert. Einige kaum denkwürdige Flirts machten ihre Ambitionen in dieser Hinsicht zunichte. Sie wollte sich lieber für die große Liebe aufsparen – »die Liebe, die einen verrückt macht«, wie ihre Mutter es ihr seit ihrer frühesten Kindheit eingetrichtert hat.
Unbewusst sucht Melodie eher nach einem Vater als nach einem Liebhaber. Nach einem Beschützer, der stark genug ist, um ihr Lebensmut – mehr noch: Lebensenergie – zu geben. Einem Menschen, dem sie absolut vertrauen kann. Jemandem, der reif ist – alles in allem jemandem wie Abu Bilel. Er gibt ihrem besessenen Wunsch, niemals ein so langweiliges und einsames Leben wie ihre Mutter führen zu müssen, Hoffnung. Melodie sieht in ihm das einzige Heilmittel für ihr Unglück. Dem syrischen Volk zu Hilfe zu eilen scheint ein sehr viel ehrgeizigeres Schicksal zu sein, als dem vorgezeichneten Weg zu folgen. Es will ihr nicht einmal mehr gelingen, ihren inneren Schmerz zum Schweigen zu bringen. Er ist laut und ohrenbetäubend. Sie möchte ihn herausschreien, möchte ihn beweinen. Aber man hat ihr von klein auf beigebracht, durch Jammern würde man sich zum Opfer machen. Und da, wo sie herkommt, verachtet man die Schwachen.

Zu Hause verkriecht sich Melodie stundenlang in ihrem Zimmer, das sie sich mit der großen Schwester teilt, die oft nicht da ist. Poster von *Scarface* hängen neben solchen von Rihanna und Mister You. Sie ist hier gerne allein und lässt ihren Gefühlen freien Lauf, indem sie das Radio voll aufdreht. Sie schließt sich in der Musik ein, und dies ist vielleicht der einzige Augenblick des Tages, an dem sie sich etwas leichter fühlt. Sie surft auf vielen Skyblog- und Instagram-Accounts, dann treiben ihre Gedanken ohne jedes Zeitgefühl dahin, während sie Songs der Rapperin Diam's hört. Die Sängerin ist auch ohne Vater aufgewachsen und litt unter dem ständigen Gefühl des Verlassenseins. Als ich mich in ihre Alben vertiefe, um die Persönlichkeit meiner Melodie noch besser auszuarbeiten, entdecke ich hinter den Worten der Sängerin ein kleines, empfindsames Mädchen, wie meine virtuelle Marionette, das seine Enttäuschung über seine Einsamkeit herausschreit. Melodie hört oft *Petite banlieusarde*, aber an diesem Abend nach dem Gespräch mit Bilel hört sie immer und immer wieder das Stück *T. S.*, das auf so gut wie jedes Mädchen in einer verzweifelten Phase zutrifft:

Je fais partie de ces jeunes perdus,
souriant par politesse,
Entourés mais pourtant si solitaires …
J'ai le mal de l'ado en manque à bout de soufle …
Eux ils sont fort, moi je ne suis rien.
Je veux partier pour mieux revenir …
Et devenir quelqu'un … Quelqu'un de bien,
parce que je reviens de loin.[1]

1 Ich gehöre zu diesen jungen Verlorenen, / die aus Höflichkeit lächeln, in Gesellschaft und doch so allein … / Ich leide darunter, ein Teenie zu sein, dem etwas fehlt, ich kann nicht mehr … / Sie sind stark, aber ich bin nichts, / ich möchte fortgehen, um gestärkt zurückzukommen … / und jemand zu werden … jemand Gutes … / weil ich von weither komme.

Genau wie Diam's fühlt Melodie sich »am Ende«. Dieser Lebensüberdruss betrifft eine beträchtliche Anzahl junger Menschen unter einundzwanzig. Das Verhalten gewisser Jugendlicher von heute trägt dazu bei, die Bresche zu vergrößern, in die Daisch sich geworfen hat. Da spielen das soziale Umfeld oder die verborgenen Motivationen keine große Rolle. Die Terrororganisation hat eine Fülle von unwiderlegbaren Argumenten, um sie in ihre Fänge zu ziehen. Ob ein Kandidat kämpfen oder sich humanitär betätigen möchte, Daisch hat für alle eine Lösung parat. Die Organisation verschafft diesen verlorenen Jugendlichen die Illusion, sie würden ernst genommen, nur um sie anschließend noch leichter ihrer selbst berauben und umformatieren zu können. Wie ein Guru, der seine Anhänger anwirbt. Das schwammige Gefüge der Organisation ermöglicht es dem, der den Anspruch erhebt, Kalif zu sein, dies auch wirklich zu werden. Letztlich ist ihre Lieblingswaffe das Internet, und die armen Adepten des Dschihad wechseln lediglich den Status. Aus einem virtuellen Spielball wird Kanonenfutter. Der Beweis: Innerhalb von kaum mehr als achtundvierzig Stunden verspricht man Melodie eine Liebesheirat und ein idyllisches Leben.

Aber etwas hindert sie noch daran, sich dazu durchzuringen, den Schritt auch wirklich zu tun. Der Gedanke, ihre Familie aufgeben zu müssen, macht ihr Angst. Trotz der ewigen Diskussionen zwischen einer alleinerziehenden Mutter und ihren beiden heranwachsenden Töchtern haben Liebe und Solidarität nie gefehlt. Also bemüht sich Melodie, dutzende Videos auf YouTube anzuschauen, um sich selbst zu überzeugen. Seit sie denken kann, hört sie, dass alle Amerikaner Monster seien, die in Guantánamo muslimische Gefangene foltern. Sie ist berührt von dem Leid der Kinder in Palästina und Syrien, das sie glaubt den westlichen Ländern anlasten zu müssen. In ihrem Stadtviertel sagt man laut und deutlich, Mohamed Merah, der wie sie aus Toulouse stammt, sei nur eine Erfindung. Der französische Staat und die jüdische Gemeinde hätten die barbarische Geschichte des Mörders auf dem Motorroller nur inszeniert. Er sei lediglich der unglückliche Sündenbock eines Komplotts, das die Muslime in Frankreich stigmatisieren soll. Dieses letzte Gerücht sorgt bei ihr jedoch für Ratlosigkeit. Ein Kind zu töten widerspricht dem, was der Islam predigt. Gleichzeitig jedoch hat Bilel den Motorrollermörder als einen Diener Allahs bezeichnet. In verschiedenen Videos sieht sie Omar Omsen, dessen zwiespältiger Ruf ihr bekannt ist. Dieser siebenunddreißigjährige Franko-Senegalese, der von der französischen und belgischen Justiz zur Fahndung ausgeschrieben ist, soll einer der führenden Köpfe eines bedeutenden Rekrutierungsnetzwerks für den Dschihad im Mittleren Osten sein. In der Zentrale der französischen Kriminalpolizei war man geschockt, als man von der Ausreise einer siebenköpfigen Familie aus Nizza hörte, darunter vier Kinder, die Omsen im Oktober 2013 organisiert hatte. Auf YouTube veröffentlicht er regelmäßig Videos von sich, in denen er die Scharia lobt. Omar Omsen fordert die Zuseher auf, die Gesetze des Landes, in dem sie wohnen, nicht einzuhalten, sondern einzig die islamischen, die der Scharia, zu befolgen. Er manipuliert seine Anhänger auf eine Weise, die nicht nur an Gehirnwäsche grenzt, sondern ihnen auch

Schuldgefühle aufdrängt. Ohne Unterlass wiederholt er: »Ein guter Muslim lebt nicht in einem Land von Ungläubigen. Ihr seid Mörder, wenn ihr nicht dazu beitragt, einen Islamischen Staat aufzubauen. Während ihr einfach nur betet und den Koran lest, kämpfen andere für Allah, den Einzigen, Einmaligen, der gewollt hätte, dass ein weltweites Kalifat ausgerufen wird.« Wie die meisten Dschihad-Rekruteure, die sich nicht mehr damit begnügen, in ihre Dschellabas gekleidet in der Umgebung von Moscheen herumzulungern, lebt er, vor Bomben geschützt, in einem europäischen Land, wo er von allen Einrichtungen profitieren kann, die er sich wünscht. In einem anderen Video jedoch befindet er sich auf einem Schiff. Das Meer ist aufgewühlt, und mit leuchtenden Augen vergleicht er die weiße Gischt mit der Reinheit und Fülle des Islam, wenn man ihn rigoros anwendet.

Melodie schweift ab. Sie gerät ins Wanken, als sie wieder an die makellose Gischt denkt, die ihre Religion repräsentieren soll. Nach und nach lässt sie sich von der Faszination der anderen mitreißen. Zumindest ist deren Vorstellungswelt reich an Geschichten und netten Begegnungen. Wie es heißt, stimmt die These vom einsamen Wolf nicht. Marc Trévidic, ein brillanter Richter auf dem Gebiet des Antiterrorrechts, erklärt diesen Punkt sehr unmissverständlich. In der Regel ist es so, dass, selbst wenn es Fälle von sich isoliert radikalisierenden Dschihadisten gibt, man diese Entscheidung nicht allein trifft: Es gibt immer jemanden, der einen beeinflusst und dazu ermuntert, zur Tat zu schreiten. Die folgende Auslegung spiegelt nur meine Meinung wider, aber ich denke, dass im Fall Merah, in dem viele Fragezeichen bleiben, seine ältere Schwester Suad diese Rolle des Mentors übernommen hat, bis sie ihn zur totalen Radikalisierung gebracht hatte. Kürzlich hat Suad Toulouse endgültig Richtung Syrien verlassen, ihre vier Kinder im Schlepptau. Das jüngste ist ein Jahr alt und trägt den Vornamen Mohamed – »zu Ehren« ihres »Helden« –, auf den sie »stolz« ist, wie sie mehrfach öffentlich und nicht öffentlich erklärt hat. Die französischen Behörden haben von ihrer Abreise erst erfahren, als sie sich bereits in Syrien befand ... Im Fall von Melodie wird Bilel diese Leitfigur sein.

Melodie springt von einem Gedanken zum nächsten, ohne einen zu vertiefen. Toulouse zu verlassen würde auch bedeuten, endlich nicht mehr mit dieser verdammten Linie A vom Bahnhof Reynerie aus fahren zu müssen, die sie in- und auswendig kennt. Sie erträgt diese vergammelten Sitze nicht mehr; vor allem aber erstickt sie förmlich beim Anblick der Stadtlandschaft, durch die sie Tag für Tag fährt. Diese ist zum unerträglichen Bild ihrer inneren Eintönigkeit geworden. Seit zehn Jahren fährt der Zug nun jeden Morgen durch das Viertel Mirail, während die Kopfhörer ihres MP3-Players sie an andere Orte bringen. Dort, in Syrien, werden ihre Tage zumindest nicht schlimmer sein können als hier, wo sie sich zum Aufstehen zwingt, ohne zu wissen, warum. Sie überlegt, was Bilel wohl genau in diesem Augenblick macht.

Ihr Überlebensinstinkt, den sie sich auf der Straße angeeignet hat, bringt sie dazu, dem Charme ihres Schmeichlers nicht sofort zu erliegen. Doch es ist schon zu spät. Für Melodie ist er bereits ein König. Und schon immer hat sie davon geträumt, Königin zu sein.

Donnerstag

Seit bald einer Woche finde ich morgens beim Aufwachen etliche zärtliche Nachrichten von Bilel an Melodie vor. Es sind mehr, als ich von Milan bekomme. Alle beginnen mit »Meine Kleine« … Kaum habe ich die Augen geöffnet, möchte ich sie schon wieder schließen. Im Fernsehen läuft *Oggy und die Kakerlaken,* eine Zeichentrickserie, die ich sehr mag. Die kleinen Viecher geben pausenlos albernes Zeug von sich, das lässt mir Zeit, mich langsam in die Rolle von Melodie zu versetzen. Ich schalte das Radio ein. Die wichtigste Meldung ist der Aufbruch des x-ten minderjährigen Franzosen in den Dschihad. Ich schalte aus. Die Fernsehnachrichtensender berichten ununterbrochen über den »Dschihadisten der Woche«, der in den Nahen Osten gereist ist. Ich schalte aus. Dann mache ich mich daran, meine Posts zu lesen. Bilel erzählt, dass er jetzt in den Kampf ziehe und Melodie nur schnell einen schönen Tag wünschen möchte. Was er da schreibt, hat keinen Bezug zur Religion. Es könnte von jedem Verliebten stammen, der unter der Trennung von seiner neuen Freundin leidet, auch wenn diese nur ein paar Stunden dauert. Ich möchte ihn dazu bringen, mir mehr und präzisere Informationen über die Projekte seiner Miliz anzuvertrauen. Er hingegen bewegt sich auf amourösem Terrain, was mir unangenehm ist. Also muss ich Melodies Taktik gut dosieren.

Abu Bilel beschäftigt mich sozusagen rund um die Uhr. Tagsüber überprüfe ich seine Aussagen im Büro. Abends übernimmt mein Alter Ego, um auf der Suche nach neuen Enthüllungen via Skype mit ihm zu diskutieren. Gestern hat Abu Bilel behauptet, er würde sich in der Nähe von Aleppo aufhalten. Die unbedarfte Melodie hätte das durchaus glauben können. Doch mir haben einige auf den Nahen Osten spezialisierte Internetseiten geholfen, die letzten Gefechte und Landnahmen besser zu verstehen. Der IS hat Aleppo vor mindestens sechs Monaten verlassen. Angesichts der Zerrissenheit der zweitgrößten Stadt Syriens, geteilt zwischen Loyalisten und Rebellen, die regelmäßig von Baschar al-Assads Armeen bombardiert werden, scheint es mir wenig wahrscheinlich, dass Bilel dort Zuflucht gesucht hat. Wie ich seit meinem ersten Gespräch via Skype mit ihm vermute, hält er sich wahrscheinlich in der IS-Hochburg Rakka auf.

Heute Abend sind André und ich entspannter. Ist das der Gewohnheitseffekt? Doch je mehr sich der Zeitpunkt von Abu Bilels Anruf nähert, desto größer wird unser Unbehagen. Der Mudschaheddin gibt im fröhlichen Plauderton solche Ungeheuerlichkeiten von sich, dass man danach kaum mehr schlafen kann. Und es ist mir immer unangenehmer, in Melodies Rolle zu schlüpfen und zuzulassen, dass Bilel sie wie ein x-beliebiger Angeber umwirbt und meine Person in sein Spiel hineinzieht. Wenn ich in seinen Augen unverdächtig bleiben und möglichst viel von seiner Arbeit erfahren will, die darin besteht, »Köpfe abzuschlagen«, darf ich nicht all seine Avancen zurückweisen. Ich muss ihm auch von Zeit zu Zeit ein Kompliment machen, das Lächeln einer betörten Frau zeigen – kurz, mich verstellen. Doch ich bin keine gute Schauspielerin. Und Andrés Anwesenheit macht diese ohnehin schon anstrengende Aufgabe nicht leichter.

Während wir noch unser »Skype-Dekor« überprüfen, schickt Bilel schon eine Nachricht und bittet Melodie, ihn »anzufunken«. Und vorher wiederholt er immer wieder:

»Melodie?«

»Melodie??«

»Melodie, meine Kleine?«

»Melodie???«

Ich logge mich bei Skype ein. Heute sitzt er alleine in einem Internetcafé. Sein Haar ist gegelt, und er hat seine militärische Kluft gegen ein lässiges Outfit getauscht. Und natürlich ist er gerüstet mit seinem Megaselbstbewusstsein, das ihn nie verlässt. Mit unschuldiger Stimme gehe ich sofort auf Grundlage der konkreten Hinweise, die ich tagsüber herausgefunden habe, zum Angriff über.

»Geht es dir gut? Ich habe mir Sorgen um dich gemacht. Eine Freundin hat mir erzählt, heute habe es blutige Auseinandersetzungen gegeben, an denen auch Daisch beteiligt war. Stimmt das? Wo haben sie stattgefunden?«

»Du hast dir Sorgen um mich gemacht? Dann liegt dir also etwas an mir …«

»Antworte mir bitte, mit so etwas scherzt man nicht. Wo haben sie stattgefunden? Hat es Tote gegeben?«

Melodies Sorge und Aufregung scheinen ihm zu schmeicheln. Er ist begeistert, das Interesse der Frau geweckt zu haben, die er heiraten will. Sein Stolz, den er kaum zu verbergen vermag, macht sein Lächeln noch arroganter.

»Ich habe dir doch schon gesagt, dass ich ein bescheidener Mensch bin … Ich rühme mich nicht gerne … Aber keine Sorge, Allah hat uns wieder einmal vor den Dämonen geschützt. Die Rebellen haben uns dreißig Kilometer von dort, wo ich mich befinde, in einen Hinterhalt gelockt, um unsere Truppen zu schwächen. Aber wir sind nicht umsonst die Besten: Wir haben immer einen Vorsprung. Sie haben den Tod gefunden, und ich kann dir versichern, dass sie nicht ins Paradies kommen werden.«

»Hast du sie getötet?«

»Du stellst vielleicht Fragen! Sagen wir, ich habe einigen die Kehle durchgeschnitten … Auf alle Fälle war ihr Ende nicht angenehm, das garantiere ich dir!«

Ich bin überzeugt, dass Bilel in dieser Hinsicht lügt. Wie hätte er den ganzen Tag über Köpfe abschlagen und auch noch Melodie ein gutes Dutzend Mal anskypen und mit Nachrichten überschütten können? Das sind nur Prahlereien, mit denen er sie beeindrucken will. Und hat er ihr nicht erst vor kurzem erklärt, er würde sich absichtlich von den Kämpfen fernhalten, um sein Leben nicht aufs Spiel zu setzen? Aber letztlich ändert es an der Grausamkeit seiner Taten nichts, ob er nun gestern oder heute Menschen die Kehle durchgeschnitten hat. Dieser Typ mordet seit Jahren kaltblütig. Und er wagt es, im Namen einer Religion Blut zu vergießen. Erst am Vortag hat Bilel Melodie voller Zynismus erzählt, wenn er jenem mexikanischen Kartell angehören würde, dessen Mitglieder sich für jedes ausgelöschte Leben einen Strich tätowieren lassen, wäre sein ganzer Körper mit Tattoos überzogen. So habe ich mir seine Arme übrigens vorgestellt. Bis ich mich daran erinnerte, dass der Islam Tätowierungen verbietet. Ich konzentriere mich wieder, und Melodie setzt ihre von krankhafter Neugier geprägten Fragen fort.

»Oje, du riskierst wirklich dein Leben ... Wie viele Gegner sind tot, und was hast du mit ihren Leichen gemacht?«

»Wir haben mindestens zwanzig abgeknallt. Ihre Kadaver sollen in einem Massengrab verrotten, etwas anderes haben sie nicht verdient! Ich kümmere mich nicht um logistische Fragen ... Aber mach dir keine Sorgen um mich ... Erzähl mir von dir, meine Kleine.«

»Heute Nachmittag habe ich mir jede Menge Videos über den IS angeschaut. Und ich wäre froh, wenn du es mir erklären würdest, weil jeder etwas anderes behauptet ...«

»Du musst nur eines wissen: Der wahre Islam ist die Wiedereinführung des Kalifats, und die einzige Organisation, die sich ganz diesem Ziel widmet, ist Daisch. Alle anderen sind Ungläubige.«

»Und heute hast du gegen welche Ungläubigen gekämpft?«

»Gegen die Kāfir der Dschabhat al-Nusra. Und die haben gelitten, das kannst du mir glauben.«
Ein zufriedenes Lächeln umspielt seine Lippen. Bilel zieht sein Handy heraus und hält mir stolz ein Foto verstümmelter Leichen entgegen. Er triumphiert.
»Ich habe es nicht richtig gesehen, zeig es mir noch mal.«
»Nein, das Beste spare ich mir für deine Ankunft hier auf …«
»Aber waren das wirklich abgeschlagene Köpfe?«
Statt einer Antwort zwinkert er Melodie mit einem breiten Lächeln zu.
»Du tötest Menschen … Das ist nicht im Einklang mit dem Islam, den ich gewählt habe.«
»Schwester, dem Frieden geht stets ein Krieg voraus, das war schon immer so. Und ich will Frieden, wie Allah es uns befiehlt. Dann können wir beiden hier eine Familie gründen … maschallah, meine Kleine. Du hast mir nie gesagt, ob du mich schön findest. Antworte mir jetzt ehrlich.«
Seit Beginn ihres Austauschs umgeht Melodie dieses Thema. Jetzt weiß ich nicht mehr, wie ich mich herausreden soll. Ich kann nicht mehr ausweichen. Jeden Tag spricht er von unserer Heirat. Und seine Fragen werden in dieser Hinsicht immer drängender. Ich stehe mit dem Rücken zur Wand, muss Gefühle für einen Mörder heucheln und zuckersüß tun. Und noch dazu aufrichtig wirken. Mehr denn je sind meine schauspielerischen Talente gefragt.
»Du bist schön … und mutig, das ist bewundernswert an einem Mann.«
»Wie lieb von dir. Und was noch?«

»Du hast schöne Augen.«
Ich versuche, ihm ein Minimum zu schmeicheln, auch wenn das in meinen Augen schon ein Maximum ist.
»Ein typisches Frauenkompliment! Hast du Lust, einen Schritt weiter mit mir zu gehen?«
»Das ist eine peinliche Frage. Du weißt genau, dass eine anständige Frau nicht über so etwas mit einem Mann sprechen darf, der nicht zu ihrer Familie gehört.«
»Ja, aber ich habe um deine Hand angehalten …«
»Wir reden später darüber, lass mir etwas Zeit … Du hast mir nicht erzählt, wie der Angriff verlaufen ist. Bist du verletzt?«
»Ach, wie süß und unschuldig du doch bist! Nein, ich bin nicht verletzt. Ich bin ein echter Mann … Um mich zu Fall zu bringen, muss man früh aufstehen. Du bist ein reines Wesen, also bin ich dir gegenüber sanft. Aber bei Abtrünnigen werde ich zum Schlächter. Ansonsten verbringe ich die meiste Zeit in einer Stadt, bei deren Wiederaufbau ich helfe.«
»Wie Wiederaufbau? Wo denn?«
»Eine Stadt nahe der irakischen Grenze, die die syrische Armee geplündert hat. Dort fehlt es an allem. Sagen wir, wir versuchen, die ärmste Stadt Syriens zur reichsten zu machen. Dort werden wir glücklich miteinander leben, maschallah.«

Bilel meint Deir ez-Zor, das im Osten Syriens, etwa vierhundert Kilometer von Damaskus, am Ufer des Euphrat liegt. Noch vor kurzem war die eine Hälfte der Stadt unter der Kontrolle der syrischen Rebellen, die andere unter der des Assad-Regimes. Mit seinen üblichen brutalen Methoden ist es dem IS gelungen, die

Rebellen zu vertreiben und die gesamte Provinz ebenso wie die meisten Ölfelder unter seine Kontrolle zu bringen.

Der religiöse Dschihad des IS ist auch ein Dschihad des Öls. Daisch fördert mehr als die syrische Regierung. Die Zahlen variieren entsprechend der religiösen und politischen Ausrichtung der Quellen, aber der Erlös des Handels, den der IS in Syrien und im Irak mit dem schwarzen Gold treibt, wird auf täglich 1,5 Millionen Dollar geschätzt. Die Produktion des Assad-Regimes ist auf 17 000 Barrel täglich gesunken. Die Millionen, die Daisch jede Woche einnimmt, der stetige Zuwachs, den seine Armee Tag für Tag erfährt, und die schwere Artillerie können die Organisation nur stärken. Mit einem schnellen Niedergang ist nicht zu rechnen. Anschließend werden sie ihre Truppen verlagern, wie bereits vom Irak nach Syrien geschehen … Und vielleicht geht es weiter nach Libyen, Jordanien und in Teile des Libanon … Aber ich bin keine Expertin auf diesem Gebiet, und der Libanon hat, ähnlich wie die jordanische Monarchie, verschiedene verlässliche Alliierte, die eine Invasion nicht zulassen werden. Als ich gestern auf Twitter mit einem Mudschaheddin gechattet habe, bin ich zufällig auf ein Bild gestoßen, auf dem ein Mädchen zu sehen war, das in Rakka – jetzt ein wahrer Käfig in der Hölle – an eine Wand schrieb: »Euer Dschihad ist der des Erdöls« … Natürlich hütet sich Bilel, Melodie gegenüber dieses einträgliche Geschäft zu erwähnen. Ähnlich wie der Kapitalismus sagt ihr der Erdölmarkt nicht viel.

»Und wie willst du diese Stadt reich machen? Indem ihr zum Beispiel Schulen und Krankenhäuser baut? Mit Erdöl lässt sich doch ein Haufen Kohle machen, oder? Das könnte sicher beim Wiederaufbau helfen? So was bringt doch Geld ein.«

Diesmal gerät er in Verlegenheit. Er kratzt sich nervös den Kopf und weicht Melodies Blick aus. Er senkt die Augen und sucht nach Worten. Um sie wieder mit einigen neuen Lügen einzulullen. Es wäre schwierig einzugestehen, dass er eine erhebliche Anzahl von Menschen getötet hat, und zwar nicht nur aus, wie er behauptet, humanitären Gründen, sondern weil es auch um Geld geht. Viel Geld. Ich genieße diese Momente, in denen Melodie ihn auf ihre unschuldige Art in die Enge treibt. Ausweichend und mit noch immer gesenktem Kopf antwortet er schließlich, doch seinen Gesichtszügen entnehme ich, dass er lügt.

»Ja, auch das. Aber im Augenblick muss die Stadt zu Wohlstand kommen, der Bau von Krankenhäusern ist teuer. In den letzten Jahren hat die damalige Regierung Deir ez-Zor viel Erdöl gestohlen, und wir, Daisch, setzen alles daran, es zurückzubekommen und zu Geld zu machen. Aber das ist eine große Aufgabe, im Moment bringt es noch nichts ein! Es ist ein bisschen so, als würde man darauf warten, dass die Saat zu keimen beginnt. Doch darum brauchst du dich nicht zu kümmern. Verlier deine Zeit nicht mit dem Kapitalismus, sag mir lieber, was du sonst noch wissen willst!«

Ganz offensichtlich sind ihm meine Fragen unangenehm. Melodie muss zunächst noch mehr sein Vertrauen gewinnen. Ich werde schon einen Weg finden, später auf das Thema Erdöl-Dschihad zurückzukommen.

»Erzähl mir von dir und dem Leben, das ich führen werde, sollte ich mich entschließen, zu dir zu kommen!«

»Aber du wirst ja kommen … Du wirst sehen, du findest hier schnell deinen Kreis und beginnst ein neues, glückliches Leben. Neulich hatte ich den Eindruck, dass dir meine Waffen gefallen haben. Also kannst du nach deiner Ankunft ein oder zwei Wochen lang Schießunterricht nehmen – je nach deinem Niveau.«

»Um mich zu verteidigen oder um Ungläubige zu erschießen?«

»Das hängt davon ab. Du darfst töten, solange es darum geht, ein Wesen zu eliminieren, das Allah nicht respektiert. Das ist nicht schlecht, sondern im Gegenteil nötig. Eine verheiratete Frau hat die Möglichkeit, ihren Mann an die Front zu begleiten. Manchmal lassen wir auch unsere Liebsten schießen, das macht ihnen Spaß! Im Allgemeinen filmen sie gerne unseren Kampf gegen die Feinde.«

»Soll das heißen, ich habe das Recht, jemandem das Leben zu nehmen, wenn ich den Eindruck habe, dass er die islamischen Gesetze nicht respektiert?«

»Ganz genau. Die Kāfir sind haram, mit denen können wir machen, was wir wollen. Du kannst sie verbrennen oder erwürgen – Hauptsache, der Tod ist grausam. Damit stellst du dich in den Dienst Allahs. Inschallah.«

In diesem Moment denke ich mir, wenn ich wirklich Muslimin wäre, würde ich mich angesichts solch widerwärtiger Reden umbringen. Es erschüttert mich, auch wenn ich in erster Linie erstaunt bin, welche

Grausamkeiten dieses Monster da mit zuckersüßem Lächeln von sich gibt. Zumindest aber muss ich bei diesem Thema etwas nachhaken.
»Im Koran steht geschrieben, dass wir diejenigen, die gegen unsere Regeln verstoßen, verurteilen können. Aber ich kann mich nicht erinnern, gelesen zu haben, dass man Gott dient, indem man anderen Menschen das Leben nimmt.«
»Doch! Weil sie versuchen, uns auszulöschen. Wir aber vertreten den Willen Gottes.«
Melodie will darauf eingehen, Bilel unterbricht sie jedoch. Er hat eine Postkartenidylle zu verkaufen. Und auch ein ideales Leben.
»Wir sprechen zu viel über die Toten. Hier ist alles schön, und es gibt so viel zu sehen. Das Meer ist wundervoll, und die Berge sind faszinierend. Du wirst auch viele Freundinnen finden, deinen eigenen Kreis haben, und ihr werdet gemeinsam Frauensachen machen. Das ist die wahre Welt … und bald deine kleine Welt. Während ich tagsüber beim Kampf bin, wirst du vormittags dein Arabisch verbessern. Nachmittags kannst du dann tun, was du willst. Entweder mit den Schwestern zusammen sein oder die Kranken- und Waisenhäuser besuchen, um den Kindern zu helfen.«
»Ach so? Ich darf mit meinen Freundinnen ausgehen – auch ohne männliche Begleitung?«
»Unter der Bedingung, dass du dich würdig verhältst. Ihr konvertierten Europäerinnen seid sowieso die Verrücktesten! Sobald ihr hier ankommt, wollt ihr gleich eine Kalaschnikow und sie auch benutzen!«
Abu Bilel lacht, als würde diese Vorstellung ihn anrühren.

»Werde ich auch viele französische Schwestern treffen?«

»Na klar! Vor allem Belgierinnen und Französinnen. Die sind hier in der Überzahl. Und ich schwöre dir, sie sind fast schlimmer als wir! Im Moment ist der Sprengstoffgürtel, den sie um die Hüften tragen, ihr neuester Modegag.«

»Um Terrorist zu spielen?«

»Ja, und vor allem, um sich in die Luft zu jagen, wenn es nötig ist …«

»…«

»Noch eine letzte Sache, ehe ich es vergesse, meine Kleine. Das ist sehr, sehr wichtig … Du musst von Kopf bis Fuß verhüllt sein und auch Handschuhe tragen. Der Sitar[1] ist hier Pflicht, ich hoffe, du hast einen?«

---

1 Umgangssprachlich für den doppelten Ganzkörperschleier, der nicht einmal mehr die Augen der Frau freilässt

Donnerstag, 22 Uhr

Ich sehe André ratlos an. Zwar gelingt es mir, mich gegenüber Bilel aus der Affäre zu ziehen, wenn es um bestimmte mir unbekannte Aspekte der Religion geht oder um arabische Worte, die ich nicht weiß, doch der Begriff »Sitar« sagt mir absolut nichts. André, der mit seiner Kamera vor mir auf dem Parkett hockt, bedeutet mir, dass auch er das Wort nicht kennt. Auf unseren Smartphones, die wir beide in aller Eile konsultieren – für mich unter dem wachsamen Blick von Bilel eher eine riskante Übung –, finden wir keine Erklärung. Vermutlich handelt es sich um ein umgangssprachliches Wort, das mit den wechselnden Moden verformt wurde. Bedenkt man Bilels Fanatismus, könnte es sich durchaus um den zweiten Schleier handeln, den eine Frau manchen radikalen Vorschriften zufolge zusätzlich tragen muss. Ich versuche es, und Melodie stottert, sie habe einen.

»Dann ist es gut. Wenn du all diese Gebote befolgst, kannst du ausgehen. Aber nur, solange ich nicht da bin. Ich werde mich gut um dich kümmern, das verspreche ich dir. Aber du musst begreifen, dass mit mir nicht zu scherzen ist. Ich habe sehr viel Arbeit und bin manchmal mehrere Tage abwesend. Und du sollst dich pflegen, während du auf deinen Mann wartest.«

»Was meinst du damit?«

»Eure kleinen Geheimnisse, um die Haut so zart zu machen.«

Manchmal schlägt Melodies Herz für Bilel. Dann wieder schlägt es zu schnell wegen der Schuldgefühle, die er ob ihrer »luxuriösen« westlichen Lebensweise in ihr weckt. Doch paradoxerweise verspricht er ihr in Syrien einen fürstlichen Lebensstil, sobald sie ihre Besuche in den Waisenhäusern oder anderswo absolviert hat. Das Bestreben, seinen Erwartungen zu entsprechen, belastet sie sehr. Andererseits gewinnt Bilel immer mehr ihr Vertrauen, und sie kann sich nicht entschließen, den einzigen Menschen, der endlich an sie glaubt, im Stich zu lassen. Ich hingegen koche fast so sehr vor Wut wie André, der sich auf den Boden sinken lässt angesichts dieses gefährlichen und zerstörerischen Gifts, das Bilel in einem fort der naiven Melodie zu verabreichen versucht. Und das alles innerhalb weniger als einer Woche … Die lüsternen Andeutungen dieses fast doppelt so alten Mannes, der sich ihrer eine Zeitlang als Spielzeug bedienen will, treffen uns wirklich. Melodie geht nicht auf seinen letzten Satz ein.

»Ich merke schon, dass mit dir nicht zu scherzen ist, Bilel …«

»Darüber reden wir, wenn du da bist, aber ich kämpfe schon so lange für den Dschihad.«

Jetzt spricht er vom Dschihad wie ein Angestellter von seiner Firma …

»Wie lange bist du schon in Asch-Scham?«
»Seit einem Jahr. Vorher habe ich etwas anderes gemacht. Aber darüber will ich nicht via Skype reden, es gibt überall Spione.«
Er zwinkert Melodie zu.
»Warst du in Libyen?«
»Genau. Na sag mal, du bist ja wirklich erstaunlich. Du wirst immer interessanter, mein Kleine … basmala[1].«
Das ist nicht weiter verwunderlich, wenn man weiß, dass ein großer Teil der libyschen Dschihadisten oft mit einem erheblichen Waffenarsenal geflohen ist, um sich in erster Linie Daisch anzuschließen. Ich spüre, dass sich Bilel gerne mit seinen Erfahrungen brüsten würde. Aber er bleibt vorsichtig.
»Ein paar Sachen muss ich mir auch noch aufheben für die Zeit, wenn du hier bist. Ich kann dir nicht schon vorher alles erzählen! Du weißt sowieso schon viel und hast Fotos bekommen, die mich in voller Aktion zeigen. Vor allem aber sollst du sehen, wie schön es hier ist … Ich kann es gar nicht erwarten, dich endlich hier zu haben!«

Wir setzen unseren Austausch noch eine Weile fort. Es gelingt mir, ein paar spärliche Informationen mehr über ihn herauszubekommen, mit denen ich versuche, das Porträt jenes Mannes zu zeichnen, der er war, bevor er zu diesem rachsüchtigen und dominanten Wesen wurde.
In seinem früheren Leben hieß Bilel Rachid. Er wurde

1 Arabische Anrufungsformel, die mit einer Ausnahme am Anfang jeder Sure des Korans steht

im Pariser Norden geboren. Die Schule, die er ohnehin nur sporadisch besuchte, brach er bald ab. Er behauptet, keine Freunde mehr aus seinen ersten zwanzig Lebensjahren zu haben, über die er sich auch nicht weiter auslässt. Sein Gesicht hat dabei einen verlegenen Ausdruck. Ich vermag nicht zu deuten, ob er lügt, um seine Vergangenheit zu vertuschen, oder ob seine Einsamkeit so groß war, dass er sich an nichts mehr erinnern will. Aber eigentlich erweckt er bei mir den Eindruck, keinerlei Bindung zu haben. Er behauptet, nie verheiratet gewesen zu sein, weil er »sich ganz Allah, der Arbeit eben«, verschrieben habe. Ich verdächtige ihn eher, einen schnellen Weg zum Reichtum gesucht zu haben und nach mehrfachem Scheitern auf den der Religion geraten zu sein. Das wird mir die Polizei später anhand seines Vorstrafenregisters bestätigen. Zunächst fällt er durch verschiedene Delikte auf, vom Handel mit leichten Waffen bis hin zu allen möglichen Diebstählen. Eine Art, sich leicht Geld und ein gewisses Ansehen in seinem Viertel zu verschaffen.
Der Muslim algerischer Abstammung radikalisiert sich Anfang des Jahres 2000. Zunächst wird er vage vom Nachrichtendienst überwacht, weil er verschiedene Reisen in das zu jener Zeit stark von al-Qaida infiltrierte Pakistan unternimmt. Doch Rachid begibt sich dorthin, um sich religiös zu bilden, und widmet sich dem Tauhīd, einer fundamentalistisch-dogmatischen Auslegung des Islam. Nach Abschluss meiner Recherchen erklärt mir ein Polizeibeamter: »Wir können nicht jeden, der aus spirituellen Gründen in ein religiöses Land fährt, überwachen. Das macht sie noch nicht zu Terroristen, und genau da liegt die Schwierigkeit.

Entweder wirft man uns Inkompetenz oder Islamophobie vor.« Die Behörden überwachen Rachid zu dieser Zeit nicht mehr, weil es keinen handfesten Beweis dafür gibt, dass er eine Gefahr für sein Heimatland darstellt.

Bilel vertraut Melodie auch seinen Wunsch nach Kindern an. Außerdem hat er fast seine ganze Familie ins »Heilige Land« geholt. Vor allem seine Cousins. In Syrien sind sie ein mächtiger Clan – die al-Firansi, ein Name, der sich nicht überprüfen lässt; al-Firansi bedeutet »der Franzose«. Doch Fragen nach seinen Geschwistern beantwortet er ausweichend. Als würde da etwas nicht stimmen. Endlich entdecke ich an ihm ein menschliches und nachvollziehbares Gefühl: die Einsamkeit. Offiziell wirbt er im Internet um Anhänger für seine Sache. Doch in Wirklichkeit dient ihm sein Bekehrungseifer als Mittel, um gegen dieses Gefühl der Einsamkeit anzukämpfen.

Das erinnert mich an die jungen Dschihadisten, die auf der Site ask.com Journalisten Interviews anbieten. Oft hatte ich von den Redaktionen den Auftrag, ein solches zu führen. Das habe ich stets abgelehnt, denn diese Art Gespräche haben keinen Aussagewert. Die Anwärter wiederholen nur dummes Zeug, das sie selbst nicht verstehen. Erst jetzt begreife ich, dass es ihnen nicht nur darum geht, ihren Bekanntheitsgrad zu vergrößern, sondern darum, Kontakt zu suchen und ihrer Einsamkeit zu entkommen. Wie alle anderen Jugendlichen kommunizieren die Adepten des Dschihad per SMS und drücken sich im Netzjargon aus. Die SMS-Flatrate wurde für diese Altersgruppe entwickelt. Sie haben ihre eigenen Codes und ihre eigene Kultur. Und

sie verfügen stets über eine relative Autonomie in Sachen Technologie.
Bilel, der einer anderen Generation angehört, die als »Große Brüder« bezeichnet wird, hat in der Religion gefunden, was er immer gesucht hat: Anerkennung und inneren Frieden. Wenn er von dieser Erfüllung spricht, haben seine Augen einen mir bislang unbekannten Glanz. Vielleicht bin ich naiv, aber in solchen Momenten scheint er mir aufrichtig. Doch dieser Eindruck währt nur kurz. Ist es tatsächlich wahrer Glaube, was ich in seinem Blick sehe? … Es heißt doch immer, die Augen seien der Spiegel der Seele. Aber in seinen finde ich nichts von der Glückseligkeit, die den wahrhaft Gläubigen innewohnt. Das kurze Aufleuchten, das ich wahrgenommen habe, reflektiert viel mehr das, wonach sein tiefstes Inneres strebt: nach Vergeltung. Es ist an mir herauszufinden, warum er glaubt, ein Recht auf Rache zu haben, wo er sich doch glücklich schätzt, weil er in seinem Leben angeblich »mehr als fünfzigtausend Menschen getötet« hat …

Wir beenden das Gespräch. André sieht mich an. Er bittet mich, Melodies Verkleidung abzulegen. Zumindest den Hidschab, denn heute Abend stört es ihn besonders, mich so zu sehen. Noch gestern bin ich, sobald ich aufgelegt hatte, aufgesprungen, um den Schleier abzunehmen … André bedenkt mich mit einem liebevollen Lächeln, doch auf seinem Gesicht zeichnet sich auch seine Wut auf Bilel ab. Er beschimpft ihn. Er würde ihn gerne vor sich haben, um ihm die Meinung zu sagen und ihm ganz nebenbei »seine Idiotenfresse zu polieren«. Er erzählt von der Zeit, da er als

Zwanzigjähriger in einem volkstümlichen Viertel von Paris gelebt hat. Bevor er Fotograf wurde, schlug er sich eine Zeitlang mit kleinen Gaunereien durch. Er hat seine Abenteuer sogar in einem spannenden Buch festgehalten, eine Mischung aus ernsthaften Überlegungen und unglaublich lustigen Szenen. Die meisten Protagonisten hatten, ganz so wie Bilel, mit der Polizei zu tun. Oft wegen Einbruch oder Drogenhandel. Und noch heute hat André Kontakt zu ihnen, jene ausgenommen, die durch Krankheit oder einen Unfall ums Leben gekommen sind. Einige sind konvertiert und haben ihren Lebensstil geändert. Aber keiner hat sich radikalisiert oder gar seine Hedschra unternommen.

»Wenn wir den Gangsterboss gespielt haben, dann zumindest nicht im Namen von irgendetwas – und schon gar nicht im Namen der Religion! Und wir haben niemanden getötet! Dieser Abu Bilel ist ein Barbar, der Jugendliche anheuert und den Islam in den Dreck zieht. Ein Fanatiker! Ein Verbrecher und nichts anderes! Und was für ein Idiot!«

Auch wenn ich nicht dieselbe Vergangenheit habe wie André, teile ich seine Meinung. Während ich meine Melodie-Verkleidung ablege, sagt er mir zum wiederholten Mal, dass wir diese Sache möglichst schnell beenden sollten – noch ein allerletztes Gespräch, bei dem ich mehr Fragen stellen soll. Anschließend werden Melodies sämtliche Internet-Accounts geschlossen, und wir veröffentlichen den Artikel. Und damit wäre die Geschichte ein für alle Mal abgeschlossen. Natürlich hat er recht. Aber ich brauche noch ein paar Tage. In meiner Rolle darf ich nicht zu verbissen vorgehen. Melodie versus Bilel, das ist wie David gegen

Goliath. Ich investiere viel Zeit, um Bilel zu bezirzen und so sein Vertrauen zu gewinnen. Nachdem ich mich nun einmal auf dieses journalistische Risiko eingelassen habe, wäre es frustrierend, es nicht zu Ende zu führen.

In der Redaktion der Zeitung, der ich den Artikel angeboten habe, nimmt – mit Ausnahme einiger leitender Redakteure und meiner beiden Kollegen und Freunde Hadrien und Lou – niemand mein Thema wirklich ernst. Ein Verhalten, das auch einem Teil meiner selbst eigen ist. Die Vorstellung, wie ich mich mit Dschellaba und Schleier ausstaffiert in der Milieusprache und mit ein paar Brocken Arabisch ausdrücke, wird im Allgemeinen mit Gelächter quittiert. Niemand, nicht einmal André, erkennt, dass ich mich bei dieser Recherche auf das Terrain einer kontrollierten Schizophrenie vorwage. Zum Beispiel, wenn ich, entsetzt über Bilels Aussagen, die Verbindung unterbreche, was im Übrigen immer seltener vorkommt. Dann wendet sich André sogleich an mich. An Anna. Mir bleibt kaum eine Sekunde, um die Persönlichkeit zu wechseln. Meine Sprache wird wieder normal, und ich greife reflexartig zur Zigarette. Nervös taste ich an meinem Finger nach meinem Lieblingsring. Natürlich finde ich ihn nicht, weil ich ihn vor jedem Gespräch abnehme. Als André später die fertige Reportage sieht, ist seine erste Reaktion: »Du hast wirklich eine Persönlichkeitsspaltung vollbracht … Mir war die Gefahr, die dieses Spiel barg, gar nicht bewusst.«

Einige Tage später

Den größten Teil des Tages verbringe ich in den Redaktionen der beiden Zeitungen, für die ich freiberuflich arbeite. In letzter Zeit bin ich vor allem in dem Verlagshaus, für das ich meine Reportage realisiere. Hier kennen sich alle gut. Manchmal geraten wir zwar aneinander, aber insgesamt sind wir wie eine große Familie. Eine Sippe von Verrückten, die leidenschaftlich jedes Thema aufgreift und ganz für ihre Arbeit lebt. Ob jugendliche Anhänger des Hip-Hop-Musikers Stromae oder alte Hasen, die Aznavours *La Bohème* trällern, wir mögen uns sehr. Der Umgangston ist locker und ohne Umschweife. Wir haben keine Scheu, etwas direkt aus- oder anzusprechen. Die schlimmen Dinge, die in der Welt passieren, können uns mit den Jahren immer weniger anhaben, auch wenn die Narben mehr oder weniger tief sind. Die Auseinandersetzung mit zum Teil schwierigen oder schmerzlichen Themen hat uns zusammengeschweißt.

Im Laufe der Jahre hat hier jeder mit jedem zusammengearbeitet und kennt zumindest Teile seines Privatlebens. Die Arbeit des Reporters unterscheidet sich von der des Journalisten, der vor seinem Bildschirm sitzt. Sich vor Ort zu begeben und auf seinen Instinkt zu verlassen, um eigene Nachforschungen anzustellen, ist eine Arbeit, die nicht immer mit dem Journalismus im ursprünglichen Sinn zu tun hat. Es ist eine gefährliche Aufgabe, ein Balanceakt zwischen Mitgefühl und dem Abstand, den man zu den behandelten Themen wahren muss. Manche von ihnen berühren uns gar nicht, bei anderen investiert man sein Herzblut. Oft reist man allein, und auch wenn das nicht immer unangenehm ist, ist es doch eine besondere Situation, Abend für Abend allein vor seinem Teller Spaghetti Bolognese zu sitzen.

Wenn ich an die Tür eines Mannes klopfe, dessen Frau beim Jogging verschwunden ist, oder an die einer Mutter, die seit Wochen nichts mehr von ihrem Sohn gehört hat, dann stehe ich nicht mit gezücktem Block und Stift vor ihnen, um sie zu fragen, was sie empfinden. Ich bin »bei« ihnen. Für mich ist so etwas nie banal. Wenn die Tür geöffnet wird und ich in eine Privatsphäre eintreten darf, in der die Zeit nicht mehr zu existieren scheint, dauern die Gespräche oft Stunden. Und vielfach geht es dann auch um anderes als das eigentliche Thema des Interviews. Ich teile im Rahmen meiner Möglichkeiten ihren Schmerz und sauge wie meine Kollegen das Unglück meines Gegenübers auf. Wird, was bisweilen vorkommt, der Artikel nicht veröffentlicht, resultiert meine Enttäuschung nicht aus meinem verletzten Ego, sondern aus der Tatsache, diese Geschichte, die ich unbedingt erzählen wollte, nicht mit anderen teilen zu können. Glücklicherweise verfügen einige Reporter noch über das Privileg, über das berichten zu können, was sie wirklich gehört haben, ohne sich der ständig eingehenden Meldungen der Nachrichtenagentur AFP bedienen zu müssen. Unsere Vorgesetzten wissen, wem sie welche Reportage übertragen. Sie kennen unsere Stärken und unsere Schwächen. Und wir wissen, auf wen wir zählen können. In meiner »Familie« gibt es unter anderem die »Youngster-Bande«, wie uns die etwas weniger Jungen gerne nennen. Wir sind ein eingespieltes Team. In meinem Beruf hat man nur selten Verbündete, doch ich habe glücklicherweise Hadrien und Lou. Diese beiden, die ich wirklich gerne habe, wurden ungewollt in Melodies problematisches Leben verwickelt. Mit der Zeit beunruhigt sie das Porträt, das ich ihnen von Bilel zeichne, immer mehr. Doch im Leben eines jeden von uns passiert so viel, dass schließlich das Lachen immer über die Angst siegt.

An diesem Mittag errege ich ihre Heiterkeit, als ich beschreibe, wie viel Fantasie und Spontaneität die Rolle der Melodie in diesem Szenario verlangt, das von einem Tag zum nächsten improvisiert werden muss. Wir sitzen zusammen mit anderen Freunden und Kollegen in der Cafeteria, und alle fangen an zu kichern, als ich ihnen Fotos von Bilel in Angeberpose, vor allem aber von mir in meinem Melodie-Dress zeige. Lou macht sich über mich lustig:

»Na, sag mal, ganz schön sexy!«

»Schminkt dein Kämpfer sich seine Augen immer so, bevor er ins Gefecht zieht? Vielleicht kannst du ihm deinen Kajalstift leihen, wenn seiner alle ist!«

Es tut mir gut, die Geschichte ins Lächerliche zu ziehen. Hadrien fragt mich, ob Bilel wirklich glaube, dass ich zwanzig bin. Er kennt mich in- und auswendig und kann sich nicht vorstellen, dass mich jemand für so jung hält. Ich erkläre ihm, dass der Terrorist seltsamerweise in dieser Hinsicht keine Zweifel angemeldet hat. Mein Alter scheint ihm im Übrigen ganz egal zu sein. Ich glaube, so selbstsicher, wie er auftritt, weiß er nicht einmal, was Zweifel sind. Alle wollen mehr über die Tricks erfahren, zu denen ich greifen muss, um überzeugend zu wirken. Ich erzähle einige komische Situationen, vor allem die Verrenkungen, die André machen muss, um Melodie vor ihrem Bildschirm zu fotografieren, ohne selbst gesehen zu werden. Doch ich gehe nicht zu sehr auf die Liebesgeschichte ein, die Bilel aus der Sache zu machen versucht.

»Und wie kannst du via Videoanruf mit ihm kommunizieren, wenn er dich nicht sieht?«

»Aber er sieht mich ja!«

Als Beweis ziehe ich meinen Hidschab heraus, den ich manchmal für alle Fälle bei mir habe … Das Gelächter nimmt zu.

»Aber du bist ja total verrückt!«, ruft ein Teil der Anwesenden belustigt.

»Und wenn er arabisch mit dir spricht?«, kichert eine Freundin.

Ich ziehe ein dickes Buch mit schwarz-gelbem Einband aus der Tasche – meine letzte Waffe: *L'Arabe pour les nuls*[1]. Die anderen lachen Tränen. Auch wenn Melodie und Bilel sich immer auf Französisch unterhalten, gebrauchen sie oft arabische Wörter oder Ausdrücke.

1 *Arabisch für Dummies*

Meine Freunde lassen mich einige Sätze wiederholen und machen sich über meinen unmöglichen Akzent lustig.
Wir reißen unsere Witze und nennen Bilel sogar »meinen Zukünftigen«. Ich lache darüber, denn das entdramatisiert die Sache. Als wir wieder nach oben gehen, nimmt mich Lou beiseite und bittet mich inständig, größte Vorsicht walten zu lassen. Mein Bericht sei zwar sehr amüsant gewesen, aber sie sehe diese Reportage mit Skepsis. Bevor Hadrien wieder in sein Büro geht, sagt er mir in etwa dasselbe. Er fügt jedoch hinzu, dass ich, wenn wirklich ein großer Fisch angebissen hat, da ein tolles Thema hätte. Hadrien weiß nicht genau, welchen Status Bilel innerhalb der Hierarchie des IS hat, und auch ich bin mir nicht sicher, selbst wenn ich schon herausgefunden habe, dass er eine bedeutende Rolle spielt. Nach dieser Pause geht jeder wieder seiner Arbeit nach. Ich rufe die Homepage der extremen *Sham News* auf. Dort kann man viele nützliche Informationen finden, auch wenn sie pro Daisch, das heißt alles andere als unparteiisch, sind.

Nachmittags

Nachdem ich mehrere Stunden damit verbracht habe, Bilels Angaben zu überprüfen, entdecke ich zu meiner Überraschung unter meiner beruflichen Mailadresse eine Nachricht von Guitone, dem »Pressesprecher« des IS. Er weiß, dass er sich an Anna, die Journalistin, wendet. Von Melodies Existenz ahnt er nichts.

Guitone will wissen, was es Neues gibt. Er scheint sich auf einer Terrasse zu langweilen, wo er, wie er mir sagt, »die Eindringlinge im Auge hat«. Ich sehe ihn hoch oben auf einer Aussichtsplattform sitzen, bereit, bei Gefahr »ins Horn zu stoßen«, so wie in der Erfolgsserie *Game of Thrones.* Die beiden Welten haben etwas gemein. Wie in der Serie verteidigt der IS sein Territorium – wenn er nicht gerade damit beschäftigt ist, neue Gebiete zu erobern. Ein Leben ist nichts wert, man schändet und man stiehlt. Das Blut wird im Dienste der heiligen Sache vergossen, während es in Wahrheit nur um territoriale Machtkämpfe geht.

Da Guitone Franzose ist, müsste ihm Bilel ein Begriff sein. Schließlich gehören beide zum *Who is Who* der

Islamisten, die Syrien besetzen! Und Guitone kennt ohnehin jeden. Ich erzähle ihm also, ich hätte einen Artikel über einen gewissen Abu Bilel gelesen. Ob er zufällig wisse, wer der Mann sei? Guitone bejaht dies sofort. Ich frohlocke. Außerdem fügt er noch hinzu: »Mit diesem Bilel ist nicht zu spaßen. Ich habe großen Respekt vor ihm. Er bringt uns die Guerillatechniken bei, die er in Tschetschenien gelernt hat. Er ist ein Emir. Auf jeden Fall ist er der französische Kämpfer, der Abu Bakr al-Baghdadi am nächsten steht.« Guitone schließt seinen Satz mit jeder Menge Ausrufezeichen, um die Verbundenheit zwischen Bilel und Baghdadi zu unterstreichen. Eine bessere Brücke hätte er mir nicht bauen können. Ganz unschuldig erkundige ich mich, ob Baghdadi der Chef von Daisch sei. Ich kenne die Antwort, aber ich will sehen, was er darauf erwidert. Ja, bestätigt er, Baghdadi stehe an der Spitze des IS. Nicht einmal er, Guitone, wisse, wo er sich gerade aufhalte. Aber der oberste Führer überwache alles. Und im Übrigen »wird er schon bald der mächtigste Kalif der Geschichte sein«. Anschließend ignoriert er meine weiteren Fragen und erzählt mir lieber von seinen neuen Nikes, denn »hier in Syrien sind die spottbillig«. Er bittet mich, das auch in meinem Artikel zu erwähnen. Ich logge mich aus und stöbere im Netz nach Neuigkeiten zu Baghdadi.

Ich finde nichts, was ich nicht schon wüsste: Abu Bakr al-Baghdadi, dessen richtiger Namen Ibrahim Ali al-Badri lautet und der unter verschiedenen Identitäten bekannt ist, ist ein zweiundvierzigjähriger Iraker. Die amerikanische Regierung hat zehn Millionen Dollar für nähere Informationen zu seinem Aufenthaltsort

ausgesetzt. Doch eine Sache erfahre ich: Das amerikanische Magazin *Time* hat ihn gerade zum gefährlichsten Mann der Welt erklärt … Und ich habe soeben bestätigt bekommen, dass der Vertrauensmann dieses kampferprobten und ultraparanoiden Kriegstreibers ein Franzose ist … Bilel, der mich für seine zukünftige Ehefrau hält! Gestern hat Bilel Melodie erzählt, dass er sich mit al-Baghdadi in einer Stadt an der irakisch-syrischen Grenze getroffen habe. Das hatte ich ihm nicht abgenommen. Bilel aus Frankreich soll wirklich die rechte Hand des Anführers des IS sein? Ich muss wieder an den »großen Fisch« denken, von dem Hadrien sprach, als wir uns vorhin auf dem Flur der Redaktion gesprochen haben.
Ich atme tief durch. Es wird schon alles gutgehen.
Ich berichte den Kolleginnen im Büro von meiner Entdeckung. Sie ziehen mich mit der Neuigkeit auf. Wir blödeln herum. Unterdessen wird Melodies Facebook-Account von Bilel bombardiert. Die beiden folgenden Nachrichten erscheinen rund ein Dutzend Mal:
»Bist du da?«
»Meine Kleine!!! Hallo!!!!! Hallo!!!!!«
Ich werde ihm heute Abend antworten. Auf keinen Fall vor den anderen … Davon zu erzählen ist eine Sache. Doch die Persönlichkeit zu wechseln und dabei noch von allen Seiten beobachtet zu werden, ist etwas anderes. Ich fühle mich zwar ein wenig bedrängt, bin aber nicht wirklich beunruhigt. Im Gegenteil, wenn ich mich schon auf dieses ganze Theater einlasse, dann soll mir das für die Geschichte von Melodie und Bilel auch jede Menge Erkenntnisse bringen. Nachdem ich schon so viele Risiken auf mich genommen habe, wäre es

dumm, die ganze Sache in diesem Stadium abzubrechen.

Ich bewege mich in einem Mikrokosmos, umgeben von Auslandskorrespondenten, von denen einige über den ersten Golfkrieg berichtet haben. Mit kugelsicherer Weste im Gepäck sehe ich sie regelmäßig in Länder aufbrechen, in denen Krieg herrscht, und das mit einer Selbstverständlichkeit, wie andere U-Bahn fahren. Ich selbst hatte schon einige Male Angst, und dafür musste ich nicht weit reisen, zum Beispiel bei den lebensgefährlichen Auseinandersetzungen zwischen der extremen Linken und der extremen Rechten in Frankreich oder bei den Demonstrationen gegen Immigranten, gegen alles, auch in der Türkei oder anderswo. Aber jetzt bin ich in Paris ... Das Risiko, dessen ich mir vollkommen bewusst bin, erscheint mir verschwindend gering im Vergleich zu dem, was meine Kollegen auf sich nehmen. Ich spüre zwar die Gefahr, aber keinerlei Bedrohung – in Wirklichkeit deshalb, weil sie im Verborgenen droht.

Die Gespräche, die ich tagsüber in der Redaktion geführt habe, erinnern mich an den berühmten Satz des Filmregisseurs Michel Audiard, den mein älterer Bruder so gerne zitiert: »Zwei Intellektuelle, die zusammensitzen, kommen weniger weit als ein Unmensch, der loszieht.«

Am gleichen Tag, 17.30 Uhr

Der Arbeitstag neigt sich dem Ende zu. Von der Redaktion aus fahre ich direkt zu André. Seit heute Morgen hat er sich immer wieder erkundigt, ob es mir auch gutgehe. Und mehr als einmal darauf gedrängt, diese Reportage möglichst bald abzuschließen. Meine Gelassenheit erstaunt ihn. Aber André hat recht. Wenn Baghdadi wirklich der Mann ist, der für all die Greueltaten verantwortlich und Bilel tatsächlich sein Vertrauter ist, sollten wir unsere Nachforschungen möglichst rasch zu Ende bringen. Ich habe den Chefredakteur, der das Projekt betreut, darüber informiert, dass Baghdadi mit der ganzen Sache in Zusammenhang stehen könnte. André habe ich dabei außen vor gelassen. Mein Wunsch, mehr in Erfahrung zu bringen und meine Arbeit als Journalistin zu Ende zu führen, sind zwar stärker als meine Vorbehalte, doch ich werde mir bewusst, dass gleichzeitig auch mein Selbstschutzinstinkt nachlässt. Doch Bilel liefert uns eine Fülle an Informationen. Innerhalb kürzester Zeit habe ich schon sehr viel über die Gepflogenheiten von Daisch erfahren; das ist es allemal wert, den einmal beschrittenen Weg noch ein wenig weiter zu gehen … Nur noch ein klitzekleines Stück. André rät mir, die Gespräche abzukürzen und stattdessen mehr direkte Fragen zu stellen. Ich entgegne, dass ich damit Bilels Misstrauen wecken könnte. Wenn ich will, dass in diesem Kampf David gegen Goliath die Oberhand gewinnt, muss Melodie weiterhin ein aufmerksames und geduldiges Ohr für die Seelenzustände des Terroristen haben. Das lässt sich nicht in einem einzigen letzten Gespräch bewerkstelligen. Wenn er ihr die Gefühle für sie nur vorgaukelt – wie er das möglicherweise auch bei vielen anderen getan hat –, ist er ihr doch sehr verbunden. Seit ein paar Tagen spüre ich, dass er mit wachsender Ungeduld darauf wartet, seine Verlobte zu sehen und mit ihr zu sprechen. Sie »quatschen« nicht einfach nur. Ich glaube, wenn Melodie nach Syrien ginge, würde Bilel sie wirklich heiraten. Er würde aus ihr keine simple Sexsklavin, ein Freizeitvergnügen für seine Krieger machen. Aber ich bin auch nicht so naiv zu glauben, dass er ein netter Ehemann wäre. Obwohl er es abstreitet, bin ich felsenfest davon überzeugt, dass er irgendwo zumindest noch eine weitere Ehefrau hat. Aber die nächtlichen Gespräche mit seiner Verlobten sind für ihn die Belohnung nach einem Tag an der Front. Beim Einschlafen träumt er von ihr. Und ich mag mir gar nicht vorstellen, woran er dabei konkret denkt. Und genau diesen Vorteil mache ich mir zunutze: Er glaubt, Melodie an der Nase herumzuführen, doch er sehnt sich so sehr nach Zuwendung, dass sie bestimmt, wo es langgeht. Seine Manöver sind ihr völlig egal, und sie schlägt ihn mit seinen eigenen Waffen. Ich brauche noch mein virtuelles Alter Ego. Wenn ich zu schnell angreife, was schon gelegentlich der Fall ist, könnte ich damit mein Vorhaben gefährden. Ende der Woche mache ich mit Lou ein paar Tage Urlaub. Dann werde ich das Thema ad acta legen.

Punkt 19 Uhr in Syrien, also um 18 Uhr mitteleuropäischer Zeit, wartet Bilel bereits vor seinem Bildschirm auf Melodie – eine Stunde zu früh. Er hat sich mächtig ins Zeug gelegt und extra schick gemacht. Der Milizionär wirkt jetzt eher wie ein Angeber, der stolz auf sein »gutes Aussehen« ist, denn wie jener Krieger, der er zu sein behauptet. Zwar wundert mich nichts mehr, was von diesem Mann und Seinesgleichen kommt, doch diese Diskrepanz zwischen bekennendem Fanatismus und den Posen eines ewig Halbwüchsigen bringt mich aus der Fassung. Beim derzeitigen Stand unserer Geschichte ist mir da nicht mehr zum Lachen zumute. Allerdings auch nicht zum Weinen. In einem leeren und düsteren Internetcafé lümmelt Bilel in einem abgewetzten Sessel und mustert mit leuchtenden Augen seine Verlobte. Seine Aufregung kaschiert er mit seiner Lieblingsattitüde: der des Bandenführers. Den Kopf leicht nach hinten geneigt, setzt er seine verspiegelte Ray-Ban-Sonnenbrille auf, die fast sein ganzes Gesicht verdeckt. Dabei ist es um diese Zeit draußen schon fast dunkel und in dem winzigen Zimmer, in dem er hockt, bereits stockfinster … Er trägt einen derben Fliegerblouson, der einer vergangenen Zeit entsprungen zu sein scheint. Damit wirkt er ein bisschen wie Starsky, der Partner von Hutch. Bilel erzählt Melodie, wie sein Tag war. Sie dagegen kann von nichts anderem reden als von den Gefahren, denen er sich bei seiner »Arbeit« aussetzt. Sie hat Angst um ihn. André sieht mich vorwurfsvoll an. Bilel beruhigt Melodie, er sei ein tapferer Kämpfer und habe schon ganz anderes erlebt. Ihm mache *nichts* Angst. Im Übrigen hätte er von seiner Organisation nicht so viele ehrenvolle Auszeichnungen erhalten, wenn er kein guter Stratege wäre. Ich spüre, dass er gerne »großer Stratege« gesagt hätte – lediglich die von ihm zur Schau gestellte falsche Bescheidenheit hält ihn zurück. Dafür kann ihn Melodie wirklich nur bewundern. Sie würde so gerne mehr über ihn wissen. Bilel liefert ihr ein paar neue Informationsfetzen aus seinem Alltag.

Je nach Dauer der Kämpfe könne der Krieger sich nur ein paar Stunden in seinem Auto ausruhen – er finde pro Nacht nicht mehr als zwei bis fünf Stunden Schlaf. Den Rest der Zeit verbringe er in Rakka, dem Daisch-Hauptquartier (sein schönes Leben dort verdankt er im Übrigen seinem Entschluss, sich Baghdadi anzuschließen), und einer anderen, benachbarten, rund zwanzig Kilometer entfernten Stadt. Nein, in Aleppo sei er nicht mehr … Aber zu Melodies Sicherheit wolle er ihr lieber nicht verraten, wo er sich genau aufhält.
In Rakka halte man sich strikt an die Scharia, befolge sie aufs Wort. Bilel schätzt die strenge Auslegung der Vorschriften seiner Religion. Er beschreibt Melodie das Leben in dieser Stadt mit all ihren Cafés, Kinos und Geschäften als wunderschön und vor allem als tolerant. Er und seine Männer hätten Aleppo befreit, und die Bewohner seien ihnen dafür überaus dankbar und erwiesen ihnen herzlichen Respekt (in Wahrheit versu-

chen rund drei Viertel der Menschen aus der Stadt zu fliehen, was ihnen Daisch untersagt). Bilel sei Polizist und der IS seine Miliz. Und da es auf einen Widerspruch mehr oder weniger auch nicht ankommt, erklärt er Melodie, dass in Rakka die Frauen zwingend stets komplett verschleiert sein müssten und nur zu bestimmten Stunden und dann in Begleitung ihres Ehemanns, ihres Vaters oder Bruders außer Haus gehen dürften. Das seien die einzigen Einschränkungen. Und die seien, aus seiner Sicht, eigentlich keine. Wenn eine Ehefrau in Begleitung ihres Mannes auf den Straßen von Rakka »schlecht verschleiert« angetroffen werde, fordere Daisch dafür zwischen fünfundsiebzig und zweihundert Euro von ihrem Ehemann. Begleiche dieser die Strafe für das »Vergehen« nicht auf der Stelle, werde die Frau hingerichtet. Trage der Mann dagegen keine Dschellaba oder einen zu kurzen Bart, ahnde Daisch diesen Verstoß mit rund dreißig Euro.

Die Bewohner der vom IS eroberten Städte haben keine Wahl. Im Großen und Ganzen heißt es jetzt »friss oder stirb«: der düstere Refrain aller Diktaturen. Daisch rechtfertigt die geforderten Abgaben mit einer der fünf Säulen des Islam[1]: dem Zakāt. Generell handelt es sich dabei um eine Abgabe, die nicht klar definiert ist. Tatsächlich steht sie für die Verpflichtung der Muslime, eine Armengabe zu leisten. Wozu ein anderer Gott im Alten Testament mit den Worten auffor-

1 Bekenntnis zu einem einzigen Gott: Es gibt keinen Gott außer Allah, und Mohammed ist sein Prophet. Fünfmal täglich beten. Fasten im Monat Ramadan. Jährliche Steuer, die den Bedürftigen zugutekommt, das Zakāt. Mindestens einmal im Leben eine Pilgerreise nach Mekka in Saudi-Arabien unternehmen, den sogenannten Hadsch.

dert: »Du sollst deinen Nächsten lieben wie dich selbst.« Das Zakāt hat nichts mit zu kurzen Bärten oder einem nicht richtig sitzenden Schleier zu tun … Und das umso weniger, wenn diese »Steuer« die Ärmsten trifft und zur Finanzierung der makaberen Projekte der Terrororganisation verwendet wird, die tagtäglich Millionen mit dem Verkauf von Erdöl verdient.

In Rakka darf Bilel sein Handy nicht behalten. Man könnte ihn sonst orten. Außerdem ist das Netz schlecht. Hier kann er nur mit Walkie-Talkie kommunizieren. Oder übers Internet, doch man hat nicht überall Zugang – außer in öffentlichen Cafés, wo jeder die Gespräche mithören kann. Also steht Bilel jeden Morgen um 6 Uhr auf, sucht sich einen möglichst ruhigen Ort und sendet ihr ein paar zärtliche Worte. »Guten Morgen, meine große Kleine. Denk an mich. Du fehlst mir.« Gefolgt von einer ganzen Reihe roter Herzchen. Anfänglich schockierte mich das. Doch inzwischen lache ich darüber – mit André und meinen Kollegen, die eingeweiht sind. Doch dieses Melodie bedrängende Verhalten macht mich ganz krank. Manchmal würde ich am liebsten meinen Laptop auf den Boden pfeffern. Doch ich begnüge mich damit, die Augen zu verdrehen.

Hinter dem Steuer seines Pick-ups, der mit Waffen und seinen heißgeliebten Schokomilchfläschchen vollgestopft ist, fährt Bilel jeden Morgen dreihundert Kilometer, »um zu intervenieren«. Keine weiteren Ausführungen. Auch wenn ich mir vorstelle, dass er sich gelegentlich in Kampfgebieten aufhält, bin ich mir inzwischen ziemlich sicher, dass er seine Tage in Deir ez-Zor nahe der irakischen Grenze verbringt, keine

dreihundert Kilometer von seinem Hauptquartier entfernt.
Er erzählt seiner Verlobten, dass er auf dem Weg seinen französischen Bataillonen Order erteilt. Er entscheidet jeden Tag, was heute Priorität hat. Wer an die Front geht. Wer in den Städten unter IS-Kontrolle für Ordnung sorgt. Wer damit beauftragt wird, sich um die Ungläubigen zu kümmern, »deren letztes Stündlein geschlagen hat« … Auch der Religionsunterricht muss organisiert werden sowie Sprachkurse, denn die unzähligen neu eingetroffenen Kämpfer beherrschen kein Arabisch. Nicht zu vergessen, dass unter den Mudschaheddin in Syrien jede Gruppierung ein anderes Arabisch spricht. Jede Nationalität hat ihren eigenen Dialekt, und so können Gespräche rasch in Verständigungsschwierigkeiten enden. Bilel ist Emir, und so gehört es zu seinen Aufgaben, solche Situationen und die sich daraus ergebenden Probleme bereits im Vorfeld zu lösen.
Melodie erzählt er von »geheimen Treffen«, die er im engsten Kreis organisiert. Sei es mit Irakern oder mit al-Qaida-Mitgliedern, die ins andere Lager wechseln wollen. Meist finden diese Begegnungen irgendwo in den unterirdischen Tunneln statt, die Syrien mit dem Irak verbinden. Bilel behauptet, eine Karte dieses Geländes zu besitzen und jeden noch so kleinen Schlupfwinkel genau zu kennen. Einige der Unterstände hat er sogar selbst ausgehoben und getarnt. Bei diesen Zusammenkünften ist es Bilels Aufgabe, »Friedensverhandlungen zu führen«. Weil er »der ranghöchste Franzose ist, der al-Baghdadi am nächsten steht«. Zum ersten Mal berichtet er Melodie von seiner

Verbindung zum »Kalifen« und bestätigt damit, was Guitone gesagt hat.
Und es ist Bilel, der erst kürzlich von al-Baghdadi zu einem Treffen mit al-Julani entsandt wurde. Er äußert dies ganz nebenbei Melodie gegenüber, um ein bisschen anzugeben. Doch sie geht gar nicht darauf ein. Aber für mich sind das wertvolle, neue Informationen. Abu Mohammad al-Julani ist der Chef der obersten syrischen al-Qaida-Brigade. Unter den verschiedenen Milizen, die sich in Syrien und im Irak gegenüberstehen, ist er eine der zentralen Figuren des Terrorismus im Nahen Osten. Wenn Daisch Abu Bilel entsandt hat, um mit diesem quasi Unsichtbaren zu »verhandeln«, bestätigt mir diese Information, dass er tatsächlich eine besonders wichtige Funktion innerhalb ihrer Organisation innehat.
Melodie erkundigt sich ganz unschuldig, wie dieses Treffen denn verlaufen sei. Voller Stolz kann Bilel berichten, beide Männer seien zu einer Einigung gekommen und würden schon bald das Kalifat ausgerufen. Aber wer wird an seiner Spitze stehen? Der IS oder die al-Nusra-Front, der wichtigste syrische Ableger der al-Qaida? Mit dieser Frage will Melodie ihrem Gesprächspartner beweisen, dass sie gut aufgepasst hat.
Biles Gesichtszüge verziehen sich, denn das ist die Schlüsselfrage. Jeder der beiden Clans möchte natürlich seinen Namen in den Geschichtsbüchern stehen sehen. Er erklärt ihr, man sei im wichtigsten Punkt zu einer Einigung gelangt: Syrien werde zu einem islamischen Staat. Das Netzwerk al-Qaida, das sich im Wesentlichen darum bemüht, Terrorzellen zu errich-

ten, die den Westen im Visier haben, muss in Syrien stärker an der Seite von Daisch präsent sein. Kurz gesagt, er wiegelt ab.
Melodie verliert keine Zeit und stellt ihm Fragen zum schwarzen Gold. Wie immer weicht der Dschihadist auch hier aus und erzählt ihr nichts von den florierenden Erdölraffinerien. Er hat schließlich ein Volk zu befreien und muss die Ungläubigen besiegen. Melodie bewundert seinen Mut. Sie versteht nicht alle seine Wunschvorstellungen, aber dennoch hält sie seine Ideologie für gerecht und erhaben. Dieser Mann weiß so viel mehr über das Leben als sie. Das beeindruckt sie. Sie fragt ihn, wie viele IS-Kämpfer sich gerade vor Ort befinden.
»Hier sagen wir nicht Islamischer Staat, sondern *Dawla islamiyya fi Iraq wa Chaam!* Wir sind eine Armee, mindestens zehntausend!«
»Ah ja? So viele?«
»Vielleicht sogar ein paar mehr … Innerhalb eines halben Jahres werden wir, wenn es weiter so läuft, schon fünfzigtausend sein.«
»Was meinst du damit?«
»Täglich treffen hier neue Kämpfer ein. Viele Franzosen, Belgier und Deutsche. Aber auch unglaublich viele Tunesier. Und dabei habe ich noch nicht einmal die Sunniten von hier mitgezählt, die sich uns schon längst angeschlossen haben, und die Brigaden, die rund um die Welt existieren, wie zum Beispiel Boko Haram[1],

1 Sunnitisch-nigerianische Organisation. Ihr Name bedeutet: Verbot westlicher Bildung. Ihr Anführer Abubakar Shekau ist u. a. für die Entführung von 273 Mädchen am 15. April 2014 verantwortlich, die die weltweite Kampagne »Bring back our girls« zur Folge hatte.

deren Führungsspitze uns einen Treueeid geschworen hat.«

Die für die Zukunft geschätzten Zahlen sind meiner Ansicht nach ein wenig hoch gegriffen, aber der Rest entspricht voll und ganz der Wahrheit …

Bilel ist heute regelrecht redselig. Davon profitiert Melodie.

»Da ich mich sehr für dich interessiere, versuche ich, mich selbst zu informieren, wenn ich nichts von dir höre, und ich glaube, ihr seid sehr gut organisiert. Wie funktioniert das genau bei euch?«

»Jeder hat seine Aufgabe. Wenn man hier ankommt und noch keinerlei Erfahrung hat, sieht der normale Tagesablauf wie folgt aus: morgens Sprachkurs, nachmittags Schießübungen. Ihr schlaft in einer Katiba[2] mit anderen überwiegend Französischsprachigen sowie mit bereits erfahrenen Kämpfern, die euch religiös unterweisen und in eurer Spiritualität unterstützen. Nach zwei Wochen ist man ausreichend trainiert, um an ersten Kämpfen teilzunehmen. Man trainiert, um zu kämpfen, und kommt an die Front, wo man an geheimen Operationen teilnimmt. Vielleicht hat man aber auch spezielle Fähigkeiten auf einem Gebiet wie zum Beispiel der Rekrutierung oder der Spionageabwehr. Man kann sich auch anderen hehren Aufgaben widmen und die verletzten Dschihadisten in den Hospitälern besuchen oder Medikamente an Kranke ausgeben. Oder die Unwissenden den Koran lehren. Und den Rest der Zeit macht man, was man will! Das Leben

---

2 Vom IS beschlagnahmte Zimmer oder Gebäude

ist schön hier, und alles ist spottbillig! Wir kämpfen, um in Freiheit zu leben!«

In Freiheit leben … In den bunten Bildern, die Bilel für Melodie entworfen hat, spart er bewusst aus, dass in Wirklichkeit der Großteil der Dschihadisten Handlanger sind.

»Aber ich zum Beispiel«, führt Melodie ganz pragmatisch an, »ich habe kein Geld. Selbst wenn die Lebenshaltungskosten niedrig sind, erlauben mir ja die religiösen Gesetze der Scharia nicht zu arbeiten. Was mache ich in so einem Fall?«

»Bei dir ist es anders. Du bist eine Frau – meine zukünftige Frau, inschallah. Im Übrigen zahlt unsere Organisation jedem Getreuen ein monatliches Gehalt von fünfzig bis zweihundertfünfzig Dollar.[1] In Syrien hast du mehr Kohle zur Verfügung als in Frankreich! Eigentlich bist du reich. In Frankreich verarscht man euch, hier verarschen wir die ungläubigen Franzosen! Aber Männer und Frauen haben nicht die gleichen Aufgaben. Was ich dir jetzt erzählt habe, betrifft das Ausbildungsprogramm der Männer.«

»Ich habe gehört, dass diejenigen, die Selbstmordattentäter werden, ihren Tod förmlich herbeisehnen – vielleicht, weil sie zurück wollen. Doch das können sie nicht, dafür kämen sie ins Gefängnis. Stimmt das?«

Ich spiele damit auf Nicolas Bons an, auf jenen jungen Katholiken aus Toulouse, der spät zum Islam konver-

1 Das monatliche Pro-Kopf-Einkommen liegt in Syrien im Durchschnitt bei 218 Dollar.

tierte. Gemeinsam mit seinem jüngeren Bruder machte er ein Video, in dem er den französischen Präsidenten François Hollande aufforderte, zum Islam überzutreten. Fröhlich lächelnd lud er die Europäer ein, zu ihm nach Syrien zu kommen, um sich dem Dschihad anzuschließen. Er hatte seinen Bruder rekrutiert, der ein paar Monate später, mit zwanzig Jahren, als Kanonenfutter verheizt wurde. Kurz darauf bot sich Nicolas, der bis dahin zwei Jobs im IS hatte, nämlich Sprachlehrer und Europäer für die heilige Sache anzuwerben, zum ersten Mal freiwillig für ein Selbstmordattentat an. Er sprengte sich unweit von Aleppo auf einem Lkw in die Luft. Damals fand ich das letzte Foto von ihm, auf dem er kurz vor seinem Sprung ins Verderben zu sehen ist. Er deutet mit erhobenem Finger gen Himmel, wie es viele Muslime tun, um auf Gott zu zeigen. Sein gequältes Lächeln erinnerte in keiner Weise an das in dem Präsidenten-Video. Seine Augen wirkten leer, besser gesagt, sein Blick war desillusioniert.

Nach dem Tod seiner beiden älteren Söhne traf ich ihren Vater, den Chef eines florierenden Sonnenkollektoren-Unternehmens. Der wegen seiner Geschäfte schon seit mehreren Jahren in Guyana lebende Gérard Bons gewährte mir an einem regnerischen Tag in einer Hotellobby der tristen Hauptstadt Cayenne ein Interview. Mit festem Händedruck begrüßte mich der Mann, dessen Gesicht vom Kummer für alle Zeit gezeichnet schien. Gleich zur Begrüßung erklärte mir der Patriarch: »Ich warne Sie, ich gewähre Ihnen nur zwanzig Minuten für die ganze Sache. Voyeurismus, Tränen und der Sensationsjournalismus sind nicht mein Ding.« Keine fünf Minuten später – ich hatte ihm von den Schuldgefühlen seines jüngsten Sohns berichtet – brach er in Tränen aus. Ich hatte den jungen Mann am Vortag unterwegs mit Freunden getroffen, die auch seine Brüder gut gekannt hatten. Er wirkte auf mich, als stehe er unter Schock und habe große Schuldgefühle. Da ich selbst mehrmals mit diesem Problem beim Tod von Angehörigen konfrontiert gewesen war, wusste ich, wie wichtig es ist, dieses Gefühl in den Griff zu bekommen. Sonst lässt es einen nie mehr los. Anstatt mit ihm über die verstorbenen Söhne zu sprechen, versuchte ich, diesen Familienvater davon zu überzeugen, sich den Lebenden zuzuwenden. Vor allem seinem Jüngsten. Ich vertraute ihm einige schmerzhafte Erfahrungen aus meinem eigenen Privatleben an und was mir in dieser schweren Zeit geholfen hatte. Man findet nicht für alles immer die richtige Lösung, so einfach macht es einem das Leben nicht. Das war ich einem Vater schuldig, der bereit war, mir von seinem Schmerz zu erzählen, nicht nur ein, sondern zwei Kinder verloren zu haben. Und dieser scheue Mann berichtete mir, scharfsinnig und ergreifend, was geschehen war. Er hatte Nicolas immer wieder gebeten zurückzukehren, doch er erhielt stets die gleiche Antwort: »Ich würde ja gerne … Aber man kann Syrien nicht so einfach wieder verlassen … Und selbst wenn ich zurückkäme, würde man mich gleich ins Gefängnis stecken.« Gérard Bons gestand mir, dass Nicolas sich für den Tod seines jüngeren Bruders verantwortlich fühlte. Danach habe er sich bewusst für das Selbstmordattentat gemeldet, um die ihn erdrückende Schuld loszuwerden.

Mir bleibt jetzt nicht die Zeit, mich an diese bewundernswerte, aber gebrochene Familie zu erinnern, denn Bilel antwortet Melodie wie aus der Pistole geschossen.

»Überhaupt nicht, ganz im Gegenteil, die Selbstmordattentäter sind die stärksten! Bei uns beurteilt man die Kraft eines Menschen nach zwei Dingen: Glaube und Mut. Wer die Courage hat, sich für Allah in die Luft zu sprengen, geht ehrenvoll ins Paradies ein – das kann ich dir sagen.«

Selbstmordattentäter können selbstverständlich auch Kämpfer sein, die bereit sind, ihr Leben zu opfern. Aber im Allgemeinen, und vor allem bei Daisch, kümmern sich die Schwächsten um die Versorgung (Fahrer, Küchenhilfen), und die »etwas weniger Schwachen« jagen sich in die Luft.

»Immer wieder sagst du mir, dass du es nicht erwarten kannst, ins Paradies zu kommen. Warum verübst du dann nicht ein Selbstmordattentat?«

Es dauert ein wenig, bis er mir antwortet:

»Man braucht mich hier noch … Meine Stunde ist noch nicht gekommen, inschallah.«

»Du erzählst von Neuankömmlingen, aber wie sieht das eigentlich konkret für Leute wie dich aus, die schon kampferprobt und älter sind? Du bist immerhin achtunddreißig Jahre alt, hier in den Nachrichten aber ist immer die Rede von Minderjährigen oder jungen Erwachsenen.«

Autsch. Melodie hat Bilel gekränkt. Pikiert meint er:

»Woher weißt du, dass ich achtunddreißig bin?«

Ich habe große Lust, diesem Idioten, der sich für ein technisches Genie in Sachen Spionageabwehr hält, zu sagen, dass das alles auf seinem Skype-Profil zu lesen ist – dass er in Rakka sitzt, aus Frankreich kommt und achtunddreißig ist. Ich persönlich kann nicht vergessen, dass Bilel 1976 geboren ist, im gleichen Jahr wie einer meiner Brüder. Ironie des Schicksals, dieses Datum ist winzig klein auf die Innenseite meines rechten Ringfingers tätowiert. Glücklicherweise sind die beiden nicht am selben Tag geboren. Melodie sagt, sie hätte das irgendwo im Internet gefunden. Bilel gibt sich machohaft:

»Ja, aber ich sehe deutlich jünger aus. Alle halten mich für zwanzig oder fünfundzwanzig! Ich habe gute Gene! Und außerdem ist das doch nur eine Zahl. Wenn du wüsstest, wie viele Europäerinnen wegen mir hierherkommen wollen … Hier sind viele verrückt nach mir, meine Kleine …«

Ich glaub, ich spinne! Bilel gebärdet sich gerade wie ein Rockstar! André verdreht die Augen. Ich spüre, dass er sich enorm zusammenreißen muss, um nicht auszuflippen. Melodie könnte ihrem Liebsten ja mal ’ne Antifaltencreme vorbeischicken, um seine »dschihadistische, metrosexuelle« Seite zu unterstreichen. Ich könnte diesen neuen Aspekt des modernen Kämpfers durchaus vertiefen, der anthropologisch gesehen eine traurige Faszination auf mich ausübt, merke aber, dass André zum Schluss kommen will.

»Wie sieht denn das Programm für die Frauen aus? Ist es anders, wenn sie konvertiert sind?«

»Im Gegenteil! Wir Dschihadisten wollen am liebsten Konvertierte!«

Er lacht. André und ich werfen uns rasch einen erstaunten Blick zu.

»Warum?«, will Melodie wissen.
»Maschallah! Weil ihr den Glauben ernster nehmt und gleichzeitig offener seid! Ihr seid nicht wie diese ungläubigen syrischen Frauen, die sich damit begnügen, den Schleier zu tragen, aber nicht wissen, wie man einen Mann glücklich macht. Inschallah.«
Bilel hat sich soeben verraten. Er, der Melodie gegenüber Syrien preist, beleidigt im gleichen Atemzug das Volk, das er befreit.
»Was meinst du damit, dass ›wir‹, die konvertierten Frauen, offener sind?«
»Du weißt schon …«
»Nein …«
»Ihr seid koketter, wenn du verstehst, was ich sagen will …«
»Ich kapier's immer noch nicht …«
»Mit euren Ehemännern seid ihr phantasievoller …«
»Ist es nicht haram, ›mehr Phantasie‹ auf diesem Gebiet zu haben?«
»Wenn du mit deinem Ehemann alleine bist, kannst du machen, was du willst. Du bist ihm alles schuldig. Aber nur ihm allein. Du musst tun, was er von dir verlangt. Unter deinem Sitar und deiner Burka kannst du tragen, was du willst. Strapse, Netzstrümpfe, alles, was deinem Ehemann gefällt … Du magst doch hübsche Dessous, nicht wahr, meine Kleine?«

Montag, 19.30 Uhr

Ich unterbreche die Verbindung. Ich weiß nicht, welche Antwort die arme Melodie spontan geben könnte. Ich entwickele diese Rolle Tag für Tag weiter. Ich glaube, bisher an vieles gedacht zu haben – selbst an romantische Aspekte. Nie aber an Erotik. Heute ersticke ich regelrecht unter dem dicken schwarzen Gewand. Genervt ziehe ich meinen Hidschab aus, trinke ein großes Glas Wasser und zünde mir eine Zigarette an. Die Journalistin existiert in diesem Augenblick nicht. Der Mensch schon. Der Terrorist hat mich in eine Falle gelockt. Ich bin wütend auf mich selbst, dass ich für dieses spezielle Terrain keine Antwort parat habe. Ich wende mich an André, der laut vor sich hin schimpft und wie ein Löwe im Käfig auf und ab läuft.

»Für wen hält sich dieses perverse Schwein, dieser alte Schönling! Dich zu fragen, was für Dessous du trägst! Erst befiehlt er dir quasi, zu ihm zu kommen, dann, dass du ihn heiratest, und jetzt will er dich auch noch in Strapsen sehen! Das nächste Mal verlangt er von dir, dass du dich vor deinem Bildschirm ausziehst? Vor Gott? Ich hasse diesen Typen.«

Ich auch, aber beruhigen wir uns. Zunächst einmal müssen wir rasch eine Antwort für Bilel finden. Er meldet sich erneut, und wenn Melodie stumm bleibt, könnte er etwas ahnen. Ich darf vor allem keine Zweifel in ihm wecken. Melodie murmelt nach Luft ringend, als würde ein Korsett sie einschnüren:

»Ich werde tragen, was mein Ehemann wünscht. Aber da ich nicht verheiratet bin, spreche ich über solche Dinge nicht mit einem Mann.«

»Das ist gut, du bist rein, Melodie. Ich habe es sofort gespürt. Noch bevor ich dein Gesicht gesehen habe, wusste ich, dass du schön bist.«

»Aber du hast mir doch beigebracht, dass es in der Religion nicht um Schönheit geht …«

»Natürlich. Aber du und ich, wir werden Kinder von seltener Schönheit haben … Inschallah. Du bist wohlgeformt, so wie es mir gefällt, und ich bin, wie du weißt, nicht unattraktiv …«

Und wieder einmal hat Bilel ganz offensichtlich Melodies Antwort nicht abgewartet. Er nagt an seiner Unterlippe und mustert sie eingehend. Ich senke die Augen, kann nichts anderes tun, als abzuwarten, dass der Moment vorbeigeht. Von seinem Standort im Wohnzimmer kann André nicht sehen, wie auf dem Bildschirm Bilels Zunge lüstern über seine Lippen gleitet. Wie könnte ich ihn jetzt dazu bringen, mir von Baghdadi oder irgendetwas anderem zu erzählen? Ich beiße die Zähne zusammen. Noch ein wenig Geduld.

»Bin ich dein Typ?«, fragt er plötzlich.

»Ich bin nicht auf einen bestimmten Typ festgelegt.«

»Aber du hast gesagt, du findest mich schön! Und wenn du auf keinen bestimmten Typen fixiert bist, dann erlaube mir, dich noch einmal zu bitten, meine Frau zu werden …«
»Aber, Bilel, das macht mir regelrecht Angst. Ich kenne dich doch gar nicht richtig. Wenn ich mit Ja antworte, dann bedeutet das, dass ich dir Treue und Unterstützung bis ans Ende meiner Tage schwöre, und womöglich hast du schon mehrere Frauen …«
Er übergeht diesen letzten Punkt.
»Hör zu! Du bist mein Juwel, und das Haus, in dem wir mit unseren Kindern wohnen werden, wird dein Reich sein. Du brauchst nur zu kommen, und du wirst selbst sehen, wie sehr du mir vertrauen kannst. Darf ich dir eine Frage stellen?«
In diesem Stadium des Gesprächs bin ich auf alles gefasst. Seine Übergänge sind oft so zusammenhangslos. Er wechselt unvermittelt von blutrünstigen, grauenerregenden Ausführungen zum Geschwätz eines vulgären Schürzenjägers in einer Singlebörse.
»Hast du langes Haar?«
»Ja … Aber warum fragst du das?«
»Ist es lang oder halblang? Weil die meisten Mädchen sagen, sie hätten langes Haar, dabei ist es in Wirklichkeit nur halblang. Sie lügen.«
Und …? Ich gebe zu, ich weiß nicht, worauf er hinauswill. Ich muss mich zusammennehmen, um nicht laut loszulachen, als ich Andrés fassungslosen Ausdruck sehe, während Bilel von seinen tödlichen »Heldentaten« übergeht zu seiner lächerlichen Anmache.
Man könnte meinen, ich bin auf der Site Adoptieren-Sie-einen-Dschihadisten.com gelandet. Mein Prinzip ist

es, zunächst einmal das Gute im Menschen zu sehen – egal wie er ist – und zu glauben, dass es Lösungen für komplizierte Situationen gibt. Doch das funktioniert bei diesem Mann nicht. Und unter diesen Umständen erst recht nicht. Aber dieses irrwitzige Gespräch über die Länge von Melodies Mähne ist eine wunderbare Alternative zu den manchmal mehr als verwirrenden Fragen, die ich in ihrer Rolle hinnehmen muss.

»Mein Haar reicht mir halb über den Rücken!«

»Dann ist es also halblang und nicht lang. Und wie ist es beschaffen? Ist es gelockt?«

»Nicht zu sehr, nur gewellt.«

»Perfekt. Ich habe Allah immer gebeten, eine braunhaarige Konvertitin mit grünen Augen möge meinen Weg kreuzen. Und da bist du plötzlich in mein Leben getreten, Melodie. Meine Frau …«

»Ich habe noch nicht Ja gesagt … Ich muss aufhören, meine Schwester kommt. Ich muss meinen Schleier abnehmen, sonst verrät sie mich bei meiner Mutter.«

»Nimm deinen Computer mit in dein Zimmer, meine Frau. Ich warte so lange auf dich, wie es sein muss. Aber schwör mir im Namen Allahs, des Allmächtigen, dass du mich liebst …«

»Aber ich schlafe doch im selben Zimmer wie meine Schwester. Ich muss wirklich Schluss machen, Bilel.«

»Gut, aber eines sollst du noch wissen: Ich werde mit dem sicheren Gefühl einschlafen, dass ich derjenigen begegnet bin, die Allah mir gesandt hat.«

»Okay, Bilel. Maschallah. Schlaf gut.«

»Melodie … Vergiss niemals, dass du jetzt meine Frau bist. Du gehörst mir für alle Ewigkeit. Hast du verstanden? Vergiss das nicht!«

Montag, 20 Uhr

Ich klappe den Laptop zu. André setzt sich zu mir aufs Sofa und reicht mir schweigend eine Zigarette. Bis sie aufgeraucht ist, wechseln wir kein Wort. Zum ersten Mal stelle ich mir die Frage, ob ich nicht im Begriff bin, schizophren zu werden zwischen diesen Momenten, die komisch, ja zum Lachen sind, und jenen, in denen die Angst mich packt und halb erstickt. André explodiert schließlich.

»Halt! Hör sofort auf! Das Thema ist abgeschlossen! Schluss! Rhallas![1] Ist dir klar, welcher Gefahr du dich aussetzt? Morgen findet das letzte Gespräch mit Bilel statt, dann lassen wir Melodie definitiv verschwinden. Hast du verstanden?«

Ich bleibe stumm. Soll ich oder soll ich nicht aufhören? Mir kommt kein Wort über die Lippen. Ich bin eine Akrobatin auf einem unsichtbaren Seil.

Und gleich kommt Milan … Wenigstens habe ich rechtzeitig aufhören können. Es wäre mir ganz und gar

1 »Es reicht!« auf Arabisch

nicht recht, wenn er mich so sieht – in der Haut einer anderen. Milan versteht nicht so recht, woran ich gerade arbeite. Er weiß nur, dass es um einen regelmäßigen Austausch mit einem französischen Dschihadisten in Syrien geht. Mehr nicht. Ich fühle mich erschöpft und aller Energie beraubt. Es klingelt. Das muss Milan sein. Ich bitte André, vage zu bleiben, was unsere Reportage betrifft, öffne die Tür und kehre ins Wohnzimmer zurück. Im selben Augenblick ertönt das Skypesignal meines Computers. Bilel ruft an. Es kommt gar nicht in Frage, dass ich das Gespräch annehme. André aber beharrt darauf, dass ich wieder in die Kluft von Melodie schlüpfe. Bilel hat vielleicht etwas Wichtiges zu sagen. Warum würde er sich sonst melden, wo er doch weiß, dass Melodie nicht sprechen kann? Ich zögere. Ich höre, wie Milan im Treppenhaus seinen Helm abnimmt und die Stufen hinaufeilt. Eine beklemmende Situation. Ohne nachzudenken, lege ich Schleier und Dschellaba an. Im selben Augenblick, als ich Milan meine Wohnung betreten höre, drücke ich auf den grünen Knopf. In wenigen Sekunden wird er mich so sehen. Das wird ihn schockieren, und ich hasse mich dafür, dass ich ihn nicht einmal ansehen kann. André macht ihm ein Zeichen zu schweigen und in der Ecke des Zimmers zu bleiben. Ich versuche, mich auf das zu konzentrieren, was Bilel mir sagt, suche aber aus dem Augenwinkel meinen wirklichen Freund. Unsere Blicke kreuzen sich. Er senkt den seinen sofort. Er erkennt mich nicht. Oder aber er erträgt den Anblick nicht. Er, der so gut wie niemals raucht, tritt ans Fenster und zündet sich eine Zigarette an. Ich schäme mich unendlich, in seiner Gegenwart einem anderen schönzutun.

Und es wird auch nicht harmloser dadurch, dass es in einem professionellen Rahmen geschieht. Irgendwie ist es sogar noch schlimmer. Niemals hätte ich mir vorstellen können, dass ich eines Tages tun könnte, was ich gerade tue. Und noch weniger vor den Augen meines Freundes, den ich liebe. Nachdem ich es unterlassen habe, ihm von der düsteren Verkleidung zu erzählen, die mein Alter Ego erfordert, hätte ich ihn ja auch in anderen Punkten belügen können … Das habe ich natürlich nicht getan, aber meine Ungeschicklichkeit spricht nicht eben für mich. Ich habe Angst, er könnte sich die falschen Fragen stellen und mit verwirrenden Zweifeln einschlafen.

»Ich wollte dir nur noch schnell eine gute Nacht wünschen, meine Kleine.«
Na, großartig! Bilel hat Melodie nichts weiter zu sagen, als ihr jedes Mal auf eindringlichere Weise die Gier seiner »Liebe« zu beweisen. Ich hätte nicht auf André hören, diesen letzten Anruf nicht annehmen sollen. Und all das vor Milan … Ich bin am Ende meiner Geduld. Nicht eben sehr liebenswürdig antwortet Melodie:
»Okay, gute Nacht, Bilel. Ich hatte dir gesagt, es ist unvorsichtig, jetzt mit mir zu sprechen. Eine Bitte: Ich respektiere die Ratschläge, die du mir gibst, also beachte auch die meinen. Wenn meine Schwester ins Zimmer kommt, bin ich tot. Ich lege auf.«
»Okay. Träum schön, meine Frau, und vergiss niemals, dass du für immer mein bist.«
Er loggt sich aus. Mein Wohnzimmer kennt seit Anfang dieses Austauschs bleierne Stille. Knallharte Dialoge,

von denen André und ich nie erzählt haben. Doch zum ersten Mal bringen mich diese Worte psychisch ins Wanken. Denn ohne es zu wissen, hat Bilel eine Schwachstelle in mir, der Journalistin, entdeckt. Über Melodie greift er meine Werte, meine Überzeugungen als Bürgerin und meine Vorstellung von Menschlichkeit an. Durch dieses Gespräch in Anwesenheit von Milan hat er sich in meine Privatsphäre geschlichen. Und schlimmer noch, es ist meine eigene Schuld. In meinem Inneren sind die unterschiedlichsten Gefühle im Widerstreit. Scham, Bedauern und Wut gewinnen die Oberhand über jene Emotionen, die ich kaum zu definieren vermag. Alles innerhalb kürzester Zeit. Ich reiße Hidschab und Dschellaba herunter, verwandele mich wieder in Anna und stürze ans Fenster zu Milan. Ich schlinge meine Arme von hinten um ihn, während er reglos weiterpafft, wie es eben ein Nichtraucher tut. Ich flüstere, dass es mir leidtut. Er zieht nervös an seiner Marlboro Light.

André sucht seine Sachen zusammen, hat begriffen, dass es besser ist zu gehen. Voller Unbehagen redet er weiter, bemüht, den Cyber-Chat, so gut es geht, herunterzuspielen. Kaum hat er die Tür hinter sich geschlossen, reicht Milan mir einen Motorradhelm und bittet mich, die Nacht bei ihm zu verbringen. Natürlich … Ich verstehe genau, was er empfindet. Zum ersten Mal will auch ich nicht in meiner Wohnung übernachten. Er betrachtet meinen Minirock und mein T-Shirt mit dem Aufdruck der englischen Punk-Gruppe The Clash, und sein Blick kommt mir anders vor als gewöhnlich. Er macht sich Vorwürfe, weil er nicht versteht, was so alles in Syrien passiert. Trotzdem, meint er, sei ihm klar, dass ich mich in Gefahr begebe. Er hätte sich gewünscht, dass ich ihm mehr erzählt hätte. Doch jetzt, nachdem er Bescheid weiß, will er, sollte ich wegen meiner Recherchen reisen müssen, keine weiteren Details wissen. Das ist okay für mich. Der Rest des Abends gehört uns. Trotzdem mache ich mir Vorwürfe, eine andere Person mit in diese Geschichte mit hineingezogen zu haben. »Je weniger er weiß, desto besser für ihn.«

Ich schlafe verwirrt und beschämt ein. Als wäre ich in flagranti beim Ehebruch ertappt worden. Milans Arme umschlingen mich, freilich mehr aus Gewohnheit denn aus Zärtlichkeit. In dieser Nacht hat die Geschichte von Melodie, meinem Alter Ego, zum ersten Mal Auswirkungen auf mein Leben. Und das hat nichts Virtuelles.

Am übernächsten Tag

Seitdem Abu Bilel herausposaunt hat, dass er Melodie heiraten werde, hat diese viele neue virtuelle Freundinnen. Ihre letzten Publikationen über Facebook, die zum »humanitären« Dschihad aufrufen, haben ihr eine Zunahme an »Freundschaftsanfragen« eingebracht, vor allem aber private Mails. Mädchen, die Mudschaheddin anhimmeln, nennen sich alle Umm »Soundso« und präzisieren auf ihrem Profil, dass sie keine Männer auf ihrer Seite akzeptieren. Sie bitten Melodie um Rat, welches der sicherste Weg ist, den sie einschlagen sollen, um sich nach Asch-Scham zu begeben. Es sind Mails auf Französisch, Flämisch, Arabisch und ich glaube sogar auf Deutsch dabei – ein wahrer Melting Pot der Sprachen. Meine Freunde, die fließend verschiedene arabische Dialekte sprechen, finden sich bei diesem Kauderwelsch von verdrehten und deformierten Worten selbst nicht zurecht. Die Fragen sind bisweilen ebenso technisch wie abstrus. »Muss ich Dutzende von Paketen Monatsbinden mitbringen, oder kann man sie dort auch kaufen?« – »Ist es, nachdem ich unverheiratet in Syrien eintreffe, besser, nicht zu viele Strings mitzunehmen, damit ich nicht unangenehm auffalle und mein zukünftiger Ehemann mich womöglich für unrein hält? Aber meinst du, dass man dort welche kaufen kann?« ... Die Sorgen dieser Todeskandidatinnen scheinen mir unfassbar. Und was sollte ich ihnen antworten?

Meine Abende verbringe ich damit, Bilel zum Sprechen zu bringen. Bilel will jetzt Melodie dauernd sehen und drängt so sehr, dass ich manchmal auch mit ihm skype, wenn André nicht dabei ist. Dabei kann ich mich nicht nur mit Daisch und Syrien befassen. Das tue ich bereits zur Genüge, so dass viele aktuelle Nachrichten, wie zum Beispiel die Geschehnisse in der Ukraine, fast an mir vorbeigehen. Bevor ich mich mit Milan treffe, lege ich mein Melodie-Kostüm an und chatte mit ihrem Verlobten. So verbringe ich einen großen Teil meiner Abende verschleiert und im Schneidersitz auf meinem Sofa. All diesen Mädchen zu antworten, nur um neuen Stoff für meine Reportage zu bekommen, scheint mir unangebracht, ja fast unmoralisch. Ich weiß, dass die Jugend ungestüm und zerbrechlich macht. Also begnüge ich mich damit, nicht zu antworten. Das würde mich nur in endlose Debatten ohne Resultate verstricken. Ich reagiere nur, wenn ein baldiger Aufbruch bevorzustehen scheint. Ich habe einen Textbaustein verfasst, in dem Melodie von der Reise abrät – den kopiere ich in die Mails ein, die ich in solchen Fällen systematisch abschicke (ich verzichte hier auf die Fehler und Smileys):

Salam Schwester,
wie du habe ich alle Hoffnung verloren und verzweifle an meinem Land und seinen Gesetzen, die oft nicht mit unseren[1] vereinbar sind. Der Islam hat mich vor der Desillusion und dem Übel bewahrt. Aber eine gute Schwester zu sein bedeutet zunächst, sich würdig und diskret zu verhalten, sich von seinem Zimmer aus der Religion zu widmen, und zwar mit Hilfe des Korans und nicht mit irgendwelchen Videos, die alles Mögliche verkünden. Der Dschihad erfolgt zuerst in deinem Herzen, indem du die religiösen Gebote, welche die unseren sind, beherzigst. Indem du für deinen Nächsten da bist, der in Not ist, egal welcher Nationalität. Es bringt gar nichts, in den Dschihad zu ziehen, nur um sich selbst etwas zu beweisen. Du musst die Augen öffnen: Die Menschen um dich herum brauchen deine Hilfe. Wenn du dir Fragen stellst, mach es wie ich: Sprich mit deinen Eltern darüber (trotzdem bin ich konvertiert) und denk an den Kummer, den du ihnen mit deinem Verschwinden bereiten würdest. Ich jedenfalls habe meine ganze Reise geplant, ich war in Kontakt mit vielen Dschihadisten. Ich war mir meiner Sache sicher. Und dann habe ich die Ratschläge, die ich dir gebe, angewandt und bin heute glücklicher denn je.

Ich fürchte, dass meine Worte nur Tropfen im Meer der Verlorenheit sind, in dem diese Mädchen zu ertrinken drohen, aber ich kann nicht einfach tatenlos zusehen. Und unbewusst beruhigt das vielleicht mein Gewissen.

---

1 Den islamischen Gesetzen

Auch französischsprachige Dschihadisten wenden sich an Melodie. Sie sind ausgesprochen höflich, zwischen sechzehn und siebenundzwanzig Jahre alt, und ihre drei ersten Fragen sind immer dieselben:

»Bist du in Asch-Scham?«

»Wie alt bist du?«

»Bist du verheiratet?«

Ich habe nicht mehr die Zeit, solche uninteressanten Gespräche zu vertiefen. Ich bleibe aber in Kontakt mit Abu Mustapha[1], einem siebenundzwanzigjährigen Franzosen – »Husar« des IS –, der verständiger scheint als die anderen. Ehrlicher auch. Abu Mustapha ist seit frühester Jugend sehr gläubig. Er kennt die Geschichte der Religionen von ihrem Ursprung bis zum heutigen Tag. Er führt sein Leben im Sinne seines Gottes. Auf diese Weise kann er sich entfalten, ohne zwingend missionieren zu müssen. Er ruft nicht zum Blutvergießen auf. Er weiß, dass sein Dschihad zunächst in einer spirituellen Suche besteht, die jeder für sich selbst machen muss. Wie ein Christ, der sich auf einer Pilgerfahrt sammelt. Der Dschihad impliziert nicht zwangsläufig den Krieg. Die Hedschra wohl. Al-Qaida, Daisch und gewisse andere Brigaden haben die Regeln nach ihren eigenen Bedürfnissen umfunktioniert. Abu Mustapha ist aus all diesen religiösen Gründen in den Nahen Osten aufgebrochen. Er ist auf der Suche nach sich selbst und hat sich nicht in einen Mörder verwandelt – zumindest noch nicht. Er postet weder Fotos von sich noch Propagandaslogans. Nichts deutet darauf hin, dass er ein Krieger geworden ist. Er begnügt sich damit,

1 Vorname geändert

poetische Suren zu veröffentlichen. Und er ruft ausschließlich dazu auf, dass diejenigen, die gläubig sind, auch nach ihrem Glauben leben. Er hat die Regeln seiner Religion immer strikt eingehalten und glaubte, in Syrien ein zerrissenes Land vorzufinden, das er mit seinen neuen Brüdern befreien und in einen Islamischen Staat verwandeln könnte. Das wenigstens stellte er sich vor, als er sich anschickte, alles zu verlassen. Seitdem er sich an dem erträumten Ort befindet, ist er schwer enttäuscht. Er gesteht Melodie, manchmal das Gefühl zu haben, »eine Lüge zu leben«. Wir tauschen uns nur schriftlich aus, trotzdem entdecke ich an ihm eine traurige Einsamkeit. Melodie fragt, warum er nicht zurückkomme, nicht versuche, fern von all der Barbarei eine Familie zu gründen, wenn das noch möglich sei.

»Ich bin von ganz klein auf religiös. Meine Familie ist sehr gläubig. Sie schämen sich nicht, dass ich in Syrien bin, denn sie wissen, dass mein Herz rein ist. Aber sie haben Angst vor Daisch, vor Dschabhat al-Nusra, vor der Armee von Baschar al-Assad und all denen, die im Namen der Religion töten. Sie möchten, dass ich heimkehre … Und auch wenn ein guter Muslim keine Angst haben darf, dem Tod ins Auge zu sehen, glaube ich doch manchmal, Schwester, dass meine letzte Stunde geschlagen hat.«

»Ist es schwer, sich anzupassen, wenn man dort eintrifft? Fehlen dir die Deinen nicht?«

»Am Anfang ist es in der Tat sehr schwer. Deine Nächsten, vor allem deine Familie, fehlen dir sehr. Meine kleine Schwester hat kurz nach meinem Aufbruch ihr Abitur gemacht, und meine Brüder haben inzwischen ihren Geburtstag gefeiert. All diese Momente habe ich

versäumt. Seit einem Jahr weine ich fast jeden Tag, Schwester …«
Ich denke wirklich, was Melodie darauf antwortet.
»Es tut mir unheimlich leid für dich … Ich weiß, dass es äußerst kompliziert ist, Syrien zu verlassen. Und später bei deiner Rückkehr in Europa erwarten dich andere Probleme. Aber wer nicht wagt, der nicht gewinnt. Du wirst bei der Heimkehr ein paar schwere Augenblicke meistern müssen, aber wenn du beweisen kannst, dass du nie zu den Waffen gegriffen hast, gibt es verschiedene Nichtregierungsorganisationen, die dir helfen können …«
Abu Mustapha braucht lange, bis er antwortet. Ich kenne ihn nicht, und doch hänge ich an seinen Lippen. Besser gesagt an meinem Bildschirm. Ich habe schon daran gedacht, Dimitri Bontinck anzurufen und ihn zu fragen, ob er ihm bei der Flucht behilflich sein könne. Mit seiner Antwort aber wiederholt er nur die immer gleiche Propaganda. Trotzdem bin ich überzeugt, dass er sich Melodies Ratschläge zu Herzen nimmt.
»Man kann seine Ziele nicht ohne Revolution erreichen. Noch ohne Leid oder Menschenverluste. Ich habe unserem zukünftigen Kalifen Abu Bakr al-Baghdadi die Treue geschworen. Er, er ganz allein muss uns Muslime führen. Wenn ich hierhergekommen bin und ein Jahr durchgehalten habe, kann ich auch ein ganzes Leben hierbleiben. Bismillah.«
»Sollte ich mich dem IS anschließen, dann nur im humanitären Bereich. Und ich gründe eine Familie mit einem Mann, den ich wirklich liebe, nicht nur, um ein diktiertes Leben zu führen.«
»Bist du verheiratet? Hast du einen Verlobten?«

»Ich habe einen Verlobten, der auf mich wartet, ja …«
Es dauert mehrere Minuten, bis er antwortet. Sicher ist er enttäuscht.
»Ich würde gerne eine Familie gründen, eine Frau finden, die ich liebe, und Vater werden. Aber in Syrien ist das kompliziert … Es ist schwer, Schwester. Die Mentalität der Syrerinnen hat nichts mit der unseren gemein … Deshalb möchten wir lieber Schwestern aus Europa heiraten.«
»Warum?«
»Weil die Syrerinnen ausländische Dschihadisten verachten. Sie haben Angst vor Daisch. Und unser Glaube ist nicht der ihre! Sie wenden die Scharia nicht wie Europäerinnen an. Sie tragen nicht mal den Sitar, sondern nur einen winzigen Hidschab!«
Ich denke an das erste Mal, als ich meinen anlegen musste. Das scheint mir so fern. Dabei war es erst unlängst. Abu Mustapha fährt fort:
»Außerdem bin ich in Frankreich aufgewachsen, und sie sind es hier. Der Kulturschock ist einfach zu groß … Und es ist für uns mit unseren westlichen Gewohnheiten sehr schwer, mit ihrer verschlossenen Art klarzukommen. Deshalb wäre das Leben vollkommen, wenn wir Schwestern wie dich heiraten könnten.«
»Ihre verschlossene Art?«
»Ja, sie öffnen sich in keiner Weise … Weder der Religion noch ihrem Ehemann.«
»Okay, aber ich habe gehört, dass Europäerinnen in Scharen kommen …«
»Man muss sie erst mal finden! Sie wachsen nicht auf den Bäumen!«
»Hier liest man fast täglich von Ausreisen in den Nahen

Osten, häufig von Frauen. Ich selbst kenne eine ganze Menge Schwestern, die aufgebrochen sind.«

»Die Europäerinnen kommen, wenn ein Ehemann sie erwartet oder wenn sie wirklich ihre Hedschra machen wollen. Aber Frauen schreiten sehr viel seltener zur Tat als Männer. Sie haben nicht denselben Mut. Meistens lassen sie sich ködern, weil sie glauben, wie Prinzessinnen behandelt zu werden, und sind vom ersten Tag an ernüchtert und entsetzt. Danach weinen sie nur noch.«

Bei meiner Antwort beziehe ich mich auf das, was Bilel Melodie bislang gesagt hat:

»Allem Anschein nach gibt es Städte, wie zum Beispiel Rakka, in denen zwar die Scharia angewendet wird, man aber trotzdem über dieselben technologischen Möglichkeiten verfügt wie in der westlichen Welt.«

»Nein, nicht wirklich! Das hängt davon ab; manche führen ein schönes Leben … Daisch ist super gut organisiert. Je wichtiger du bist, desto besser lebst du. Aber glaube mir, hier ist nicht Paris!«

»Bist du etwa aus Paris? Ich wohne in Toulouse.«

»Ja. Und selbst wenn ich darunter gelitten habe, meinen Glauben nicht immer frei ausleben zu können, habe ich Frankreich nichts vorzuwerfen. Ich möchte ihn einfach nur so praktizieren, wie ich es verstehe, und nach den Gesetzen, die ich respektiere.«

Abu Mustapha ist nicht Bilel. Auch er ist verloren, aber er hat sich nicht verloren. Nicht vollständig … Hin- und hergerissen zwischen den verschiedenen Auslegungen des muslimischen Kultes, die heute stark auseinandergehen, kämpft er gegen sich selbst. Nur hat er sich Daisch angeschlossen, einer Organisation, die kein anderes Ziel hat, als ihre tyrannische Ideologie mit

allen Mitteln durchzusetzen. Und sollte es Abu Mustapha gelingen, eines Tages wieder nach Frankreich zu kommen, wird diese Zugehörigkeit für ihn fatale Folgen haben …
Die Dschihadisten, die in ihr Ursprungsland zurückkehren, werden zunächst in Gewahrsam genommen und dann entweder unter Hausarrest gestellt, oder sie kommen in Untersuchungshaft, bis klar ist, ob sie eine Bedrohung darstellen. In all diesen Fällen gilt: Sie werden der »Beteiligung an einer Straftat mit terroristischem Hintergrund« beschuldigt. Bei manchen Minderjährigen ist die Frage heikel, denn es ist schwer, zwischen einem »reuigen Sünder« und einem Fanatiker zu unterscheiden, der zurückkommt, um ein Attentat zu begehen. Wie beispielsweise Mehdi Nemmouche, Ex-Geiselwächter des IS, der den Anschlag auf das Jüdische Museum in Brüssel verübt hat und gerade erst aus dem Nahen Osten zurückgekommen war – mit dem Ziel, in ganz Europa Attentate zu verüben.
Fälle von Minderjährigen, die in den Dschihad ziehen, haben sich mit dem in Frankreich am 1. Januar 2013 erlassenen Gesetz vervielfacht. Es erlaubt französischen Staatsangehörigen ab dem Alter von vierzehn Jahren, frei in Europa zu reisen, ohne schriftliche Genehmigung der Eltern oder Erziehungsberechtigten … Während diese glauben, ihr Sprössling träume gerade irgendwo auf seiner Schulbank vor sich hin, kann er schon im Flugzeug Richtung Türkei sitzen – zu einer Reise ohne Wiederkehr. Die durch die alarmierende Zunahme dieses Phänomens völlig überforderten Behörden bemühen sich mehr schlecht als recht, das Problem in den Griff zu bekommen. Oft kommt es

dabei allerdings zu Fehleinschätzungen, die beunruhigend sind, wenn man bedenkt, wie groß die Gefahr möglicher Attentate in Frankreich ist … Der französische Innenminister Bernard Cazeneuve ist zwar bemüht, die so entstandene Gesetzeslücke zu schließen, indem er potenzielle Ausreisen zu verhindern versucht und die wenigen Kandidaten, die zurückkommen, ernsthaft unter die Lupe nimmt. Aber seine Bemühungen haben eher Kontrollfunktion und sind keine echte Hilfe. Was ist mit all diesen Dschihadisten, die sich rühmen, zwischen ihrem Ursprungsland und Syrien hin- und herzupendeln? Auf Facebook verfolgt Melodie regelmäßig einen »Husaren« mit dem Namen »Si tu veux que je te dise«[1]. Er stellt Fotos ins Netz aus seiner Geburtsstadt Marseille, wo er sich mit »Kumpels getroffen hat« und ganz nebenbei sein Ego beweihräuchert mit Aufnahmen, die ihn als »Ritter ohne Furcht und Tadel« zeigen. Dazu schreibt er: »Man weiß, was du bist, wenn man sieht, was du besitzt.« Und eine Kalaschnikow im Arm spricht Bände. Drei Tage später entdecke ich Fotos von ihm aus Syrien, auf denen er, von Kopf bis Fuß mit europäischen Markenklamotten gekleidet, posiert.

Bilel hat oft durchblicken lassen, dass es *easy* sei, nach Frankreich zurückzukehren. Aber nur, wenn es sich um kurze Reisen handelt und über Routen, die von der DGSE[2] und anderen französischen Nachrichtendiensten schwer zu verfolgen sind.

1 »Wenn du meine Meinung hören willst«

2 Der französische Auslandsnachrichtendienst

Heute Abend besteht Bilel besonders hartnäckig darauf, den neuen islamischen Vornamen von Melodie zu erfahren. Da ihr gemeinsames Leben in seiner Vorstellung kurz bevorsteht, muss seine Zukünftige den Namen wählen, den sie fortan in ihrem neuen Leben trägt … Melodie versucht zunächst, die Sache hinauszuschieben: »Das sehen wir später, Bilel«, antwortet sie, als er erneut zum Angriff übergeht. Aber sie mit ihren gerade mal zwanzig Jahren hat einen Mann vor sich, der sich durchzusetzen weiß. Schließlich gibt sie klein bei und sagt: »Entscheide du für mich …« Anschließend beendet sie das Gespräch.

Das Gefühl, das diese Bitte in mir auslöst, ist regelrecht albern. Auch wenn sie virtuell ist, sie ist *meine* Melodie. Natürlich wird sie bald verschwinden müssen. Aber würdig und in dem Augenblick, den *sie* gewählt hat. Es obliegt nicht Bilel, den Zeitpunkt festzulegen … Merkwürdigerweise berührt mich dieser Identitätswechsel, den er Melodie aufzwingt. Mit der Zeit bringt er sie durch seinen psychologischen Grabenkrieg förmlich um. Und nachdem sie ihr Leben, ihre Vergangenheit, ihre Mutter und all die, die sie liebt, geopfert hat, muss sie auch noch das Letzte hergeben: ihren Vornamen.

Ich konsultiere Skype ohne die Absicht, auf die vielen Herzchen und LOL zu antworten, mit denen der Dschihadist sie bombardiert, seitdem sie das Gespräch abgebrochen hat. Inmitten eines Meeres lächerlicher Smileys schreibt Bilel diesen Satz: »Mein Leben, meine Frau, du wirst fortan Umm Saladine heißen. Willkommen im wirklichen Islam.« Das wird er ihr morgen von Angesicht zu Angesicht wiederholen. Melodie wird als Antwort natürlich nur lächeln können …

Am nächsten Tag

André ist immer seltener bei unseren Gesprächen zugegen. Einmal aus Zeitmangel, aber auch, weil er Bilel und Melodie bereits aus allen Perspektiven fotografiert hat. Außerdem ist er der Meinung, wir hätten genügend Material für unsere Reportage. Wir seien bei unseren Nachforschungen über den Cyber-Dschihad schon sehr weit gegangen und hätten Antworten auf viele Fragen gefunden. Vor allem aber glaubt er, dieser Bericht könne Repressalien nach sich ziehen, und je länger wir Melodie existieren ließen, desto größer würde die Gefahr für mich. »Wenn wir nicht aufhören«, sagt er mir, »wirst du immer mehr erfahren wollen.« Was die Repressalien und Risiken, denen ich mich aussetze, angeht, so teile ich seine Meinung, da Bilel Melodies Gesicht kennt. Was die Recherchen betrifft, so habe ich meiner Ansicht nach noch nicht genug herausgefunden. Ich bin jeden Tag in Kontakt mit Familien, deren Kinder sich dem Dschihad angeschlossen haben. Ihre Situation ist unverändert dramatisch. Und ich habe noch nicht genügend Informationen von Bilel bekommen, um ihnen wirklich helfen zu können. Bei Bilels zahlreichen angeberischen und uninteressanten Exkursen muss Melodie wohl oder übel fasziniert an seinen Lippen hängen. Das Liebeswerben des Dschihadisten bietet ihr nicht immer die Gelegenheit, ihn zu provozieren, um wertvolle Hinweise zu erhalten. Melodie hat mir so unzählige Auskünfte und Erkenntnisse vermittelt, an die ich ohne sie nie gelangt wäre. Aber es reicht noch nicht. Außerdem bin ich ihr nach allem, was sie über sich ergehen lassen musste, einen ehrenvollen Abtritt schuldig … Aber ich habe noch keinen Notausgang für sie geschaffen, über den sie sich Bilel entziehen könnte. Über meine offizielle Mission hinaus steckt so viel von mir in dieser Reportage, dass meine Neugier zwar übertrieben sein mag, mir aber legitim erscheint. Das gesteht André mir zu und lässt mich »mein Ding weitermachen«, bittet mich jedoch, größtmögliche Vorsicht walten zu lassen. Seit er nicht mehr dabei ist, skypt Melodie nicht mehr täglich mit Bilel. Das macht ihn ganz wahnsinnig, und dieser Schwachpunkt – seine Zuneigung zu Melodie – erlaubt mir eine kleine Rache. Sie gibt vor, ihre Mutter habe ihr den Gebrauch des Familiencomputers verboten und sie könne nur Kontakt mit ihm aufnehmen, wenn es ihr gelinge, heimlich den Laptop aus dem Zimmer ihrer Mutter zu benutzen. Seither haben sie nur zweimal geskypt, und jedes Mal ging es ausschließlich um die Hochzeit. Deshalb gelang es mir nicht, ihm neue Informationen zu entlocken. Aber ich verfolge weiterhin im Internet alles, was die Mudschaheddin des IS posten. Auf den Fotos sind sie zu sehen, wie sie stolz neben den Leichen posieren, die sie enthauptet haben. Die Opfer sind zum großen Teil Muslime. Der IS, dessen Expansionskraft auf seiner außergewöhnlichen Propaganda im Stil der amerikanischen Blockbuster beruht, verfügt über eine Unmenge von Tricks, um die Jugendlichen dazu zu bringen, sich ihm – und nur ihm – anzuschließen. Einer von vielen Beweisen: Die Daisch-Märtyrer[1] zeigen im Tod ein engelsgleiches Gesicht und ein friedliches Lächeln, während die Leichen ihrer Gegner grauenvoll verkohlt sind. In Wirklichkeit veröffentlicht Daisch die Bilder seiner gefallenen Kämpfer unmittelbar nach ihrem Tod und setzt dabei ihr Gesicht in Szene. Die Leichen der »Ungläubigen« hingegen lassen sie in der Sonne verwesen, ehe sie die unerträglichen Aufnahmen ins Netz stellen. Und oft bekräftigt das auch die Bildunterschrift: »Man sieht den Unterschied: Unsere Märtyrer sind glücklich, wenn sie Allah erblicken, denn er ist stolz auf sie und auf das, was sie vollbracht haben. Aber seht euch die grauenvollen Leichen der Kāfir an. Allah hat sie bestraft, und sie kommen nicht ins Paradies.« Daran erinnert vor allem Guitone leidenschaftlich gerne und widmet sich mit Begeisterung diesem morbiden Leichenvergleich im Internet. Um gleich darauf ein Foto zu posten, das ihn in Syrien mit einer Tafel Milka-Schokolade zeigt. Oder er überquert, nachdem in letzter Zeit in Syrien das Fleisch knapp geworden ist, problemlos die Grenze zur Türkei, wo Fotos ihn und andere »Draufgänger« zeigen, wie sie, die Kalaschnikow über der Schulter, ein Lächeln auf den Lippen, tafeln und sich den Wanst mit Lammfleisch und ame-

1 Dem IS zufolge sind sie für Gott gestorben.

rikanischem Soda vollschlagen. Die Bildunterschrift: »Syrien und die Türkei führen denselben Kampf, wir sind dort zu Hause! Maschallah, das Essen hier ist besser und billiger als in Frankreich, Brüder! Kommt schnell!« Und manchmal fügt er hinzu – und da ist er nicht der einzige: »Schöne Grüße an die DGSE[2], falls ihr uns überwacht!«
All das weiß ich auch von Bilel. Doch sein Rang ist zu hoch, als dass er solche Beweise im Internet herumschwirren lassen würde.

Heute habe ich auf dem Heimweg von der Redaktion mit Milan einen Kaffee getrunken und mich nur schweren Herzens von ihm getrennt. Ich bin auf dem Weg zu meiner Verabredung mit Bilel, die ich einhalten muss. Die Fahrt lässt mir eine kleine Pause, bis ich wieder in die finstere Welt eintauche, die Melodie erwartet. In meinen Kopfhörern dröhnt *Just like Heaven* von The Cure – ein Song, der den Vorspann der legendären Musiksendung der 1980er Jahre *Les enfants du rock* untermalte. Ich war zwar damals noch etwas zu jung dafür, aber der Song erinnert mich an meine großen Brüder. Diese Kindheitsreminiszenzen versetzen mich in eine sanfte Nostalgie, die mich begleitet, bis ich meine Wohnung erreiche. Das Erste, was ich sehe, als ich die Tür aufschließe, ist Melodies Dress, der frisch gebügelt auf einem Kleiderbügel hängt – fast als hätte er ein eigenes Leben … Meine Putzfrau, die einmal pro Woche kommt, hat es gut gemeint, weil sie dachte, ich hätte mir eine neues Kleid gekauft.

---

2 Französischer Auslandsnachrichtendienst

In den letzten Tagen häufen sich Bilels Nachrichten – morgens, mittags, abends. Und immer dieselben bedrückenden Sätze, die sich inzwischen bis zu fünfzig Mal wiederholen, ganz so, als würde Melodie ihm wirklich gehören.

»Bist du da?«

»Bist du da?«

»Bist du da?«

»Bist du da?«

»Bist du da?«

»Bist du da?«

»Bist du da?«

»Bist du da?«

»Meine Kleine?«

Sein »Bist du da?« füllt Dutzende von Seiten auf Facebook oder Skype; sogar auf dem Kartenhandy lässt er Melodie keine Ruhe. Und zugleich fragt mich meine Umgebung, ob ich, die Journalistin, nicht anfange, mich auf sein Spiel einzulassen … Ich verstehe ihre Bedenken nicht. Ich gebe zwar zu, dass es mir ein diebisches Vergnügen bereitet, ihn zum Narren zu halten, wenn Melodie die Kamera beim Skypen manchmal ausschaltet oder ihn bei delikaten Themen in die Enge treibt.

Je länger meine Nachforschungen andauern, umso schwerer fällt es mir, Abstand zu halten. Das passiert mir zum ersten Mal in meiner Laufbahn. Dabei habe ich sowohl Mörder als auch Vergewaltiger und Pädophile interviewt … Am liebsten hätte ich sie angespuckt. Aber ich habe mir nichts anmerken lassen … Im Fall Bilel ist mein Urteil weder korrekt, noch entspricht es meinem Berufsethos, aber es ist die beste Erklärung für meine Gefühle: Ich habe große Lust, ihn reinzulegen – ihn mit seinen eigenen Waffen zu schlagen. Für mich ist er weder religiös noch menschlich. Dieser irre Mörder verbringt seine Zeit damit, andere umzubringen und Mädchen wie Melodie zu sich und damit in den Tod zu locken. Ich kann nicht den Dschihadisten angreifen, der noch dazu sehr mächtig ist, und auch nicht seine Armee. Die Schwächen des Mannes – das heißt sein Streben nach Anerkennung und Domination – hingegen schon. Er glaubt wieder einmal, die naive Melodie zu beherrschen, dabei ist genau das Gegenteil der Fall. Wenn Bilel mich nicht zu sehr anwidert, lache ich innerlich über ihn … Liebe basiert für mich auf Vertrauen und Wohlwollen. Doch der, der mir gegenübersitzt, ist genau das Gegenteil, selbst wenn ich vielleicht den Eindruck vermittele, eine Form von Stockholm-Syndrom entwickelt zu haben. Da besteht zwar keine Gefahr, aber ich spüre, dass ein Teil meiner Umgebung skeptisch bleibt. »Wie ist es sonst möglich, dass du dieses makabere Spiel fortsetzt?«, hält man mir entgegen. Ich muss schließlich meine Arbeit tun … Außerdem hätte ich Monate gebraucht, um all das herauszufinden und zu verstehen, was ich durch ihn erfahren habe. Ich glaube, ich habe ausreichend betont, wie widerwärtig er mir ist – ganz abgesehen von dem Spott, dem ich mich aussetze. Doch man wirft mir die Dinge vor, die ich für mich behalte, ganz so, als würde das den professionellen Rahmen sprengen. Zum einen sage ich nicht alles, weil ich mich schäme, aber das wird mir erst später bewusst werden; zum anderen, weil ich Vorsicht walten lassen muss: Meine Reportage soll veröffentlicht und nicht durch Gerüchte bekannt werden. Außerdem sind die Vertraulichkeiten zwischen Bilel und Melodie nie über das Verbale hinausgegangen. Er hat nie mehr sehen wollen als mein Gesicht … das brauchte er auch nicht … Bilel ist furchteinflößend, egal, was er von sich gibt. Zum Beispiel heute Abend:

»Ah, endlich ist meine Frau da! Bist du wieder bestraft worden? Wir müssen miteinander reden. Ich habe dir so viel zu erzählen. Nur gute Neuigkeiten.«

»Dann nur zu … Ich liebe gute Neuigkeiten.«

»Ich habe mit dem Kadi[1] von Rakka gesprochen. Er wartet ungeduldig darauf, dass wir heiraten.«

»…«

»Freust du dich nicht, meine Kleine?«

»Ich habe dir gesagt, dass ich als ledige Frau nicht ohne meinen Cousin nach Asch-Scham kommen will.«

»Wir können nicht via Skype heiraten, der Kadi sieht das nicht gern …«

»Wie, du wolltest mich via Skype heiraten? Hat eine virtuelle Ehe denn vor dem Gesetz Bestand?«

»Bei uns schon. Aber der Kadi hält meine Position für zu wichtig, als dass ich online heiraten könnte. Er will, dass du im Heiligen Land bist. Er freut sich sehr auf deine Ankunft, und er zieht es vor, dass die Hochzeit hier stattfindet.«

Natürlich kommt es für Melodie, die zwar naiv ist, aber nicht unüberlegt handelt, nicht in Frage, zu Bilel nach Syrien zu reisen, um – wenn es schon zu spät ist – mit eigenen Augen zu sehen, wie das Leben dort tatsäch-

1 Muslimischer Richter, der die Autorität verkörpert

lich ist. Alles hat seine Grenzen. Da könnte sie sich auch gleich umbringen, das würde schneller gehen. Irgendwann werde ich nach Syrien fahren, aber bestimmt nicht unter dem Deckmantel einer Konvertiertin, die dort heiraten will … Und Bilel hat offenbar Melodies Cousin inzwischen aus seinem Kopf gestrichen.

Sie versucht, ihn wieder ins Spiel zu bringen, doch er stellt sich, wie so oft, taub.

»Wie spielt sich eine Hochzeit in deinem Land ab?«

»Eigentlich sind wir schon verheiratet …«

»Wie bitte?«

»Ich denke, ich habe dich sehr schnell und oft genug gefragt, ob du meine Frau werden willst. Also habe ich mit dem Kadi darüber gesprochen, und er hat die Papiere ausgestellt. Wir sind offiziell verheiratet, meine Frau! Maschallah.«

Ich weiß nicht, wie ich es in diesem Augenblick schaffe, ungerührt zu bleiben. Aber ich habe keine Wahl. Bilal mustert Melodies nur wenige Zentimeter entferntes Gesicht auf dem Bildschirm.

»Und ich glaube, ich habe dir immer gesagt, dass ich dich erst richtig sehen möchte, bevor ich ja sage … Ich will deine Haut berühren, deinen Geruch wahrnehmen, ein Gespräch mit dir führen, bei dem ich deine Hand halten kann.«

Bilel antwortet nicht. Melodie erregt sich:

»Was heißt das, wir sind ›offiziell‹ verheiratet?«

»Sobald du den Fuß auf syrischen Boden setzt, ist unsere Eheschließung rechtskräftig. Ich habe dir doch gesagt, dass hier die islamischen Gesetze der Scharia gelten. Du bist jetzt tatsächlich meine Frau.«

»Tut mir leid, aber ich glaube, ich verstehe dich nicht richtig … Es reicht, dass ich mich einen Millimeter auf syrischen Boden bewege, und ich bin Madame al-Firansi? Egal, wann das der Fall sein wird?«
»Ja, egal wann. Zumindest solange ich lebe, inschallah! Jetzt gehörst du wirklich mir …«
»…«
»Es fehlen nur zwei wichtige Dinge in unserem Ehevertrag. Was willst du als Aussteuer?«
»Ach, ich bekomme eine Aussteuer? Normalerweise muss die der Brautvater stellen. Aber ich habe keinen Vater. Und hast du Geld für so etwas?«
»Aber was glaubst du denn, meine Kleine? Ich bin hier Tony Montana. Außer, dass ich nicht in Drogen investiere, sondern in den Glauben. Daisch hat Geld … O ja, bei uns, wo die Frauen über alles respektiert werden, schenkt der Mann der Braut eine Aussteuer, um ihr zu beweisen, dass er sich sein Leben lang gut um sie kümmern wird. Also, was möchtest du haben?«
Davon hatte ich keine Ahnung. Melodies Antwort lässt auf sich warten. Ich versuche, Zeit zu gewinnen, indem ich andere Fragen stelle, während ich über meine früheren Gespräche mit diesem Irren nachdenke, um eine Aussteuer für Melodie zu finden. Plötzlich kommt mir eine verrückte Idee. Melodie sagt:
»Vielleicht eine Kalaschnikow?«
Mein Zukünftiger bricht in schallendes Gelächter aus.
»Das ist dein Wunsch? Alles, was du willst, meine liebe Frau. Ich bin stolz auf dich, aber du hättest mehr verlangen können!«
»Ach so, und was zum Beispiel?«

»Ich weiß nicht, einen Palast, ein Schloss, schöne Pferde … Oder das Blut dessen, der dich beleidigt hat.«
»Nein, nein! Eine Kalaschnikow ist völlig in Ordnung.«
»Und überhaupt hat der Emir von Rakka, einer der bedeutendsten Männer überhaupt, schon eine schöne große Wohnung für uns gefunden.«
Ich habe Mühe, mir in Rakka eine Dreizimmerwohnung vorzustellen.
»Das ist nett … Und wie ist sie?«
Bilel gerät aus dem Konzept. Wie jedes Mal, wenn er lügt, senkt er die Augen und kratzt sich am leicht zurückgeworfenen Kopf. Diese Pose kenne ich ebenso gut wie seine schmachtenden Blicke. Was für ein Komödiant! Sein Getue geht mir mit jedem Tag mehr auf die Nerven.
»Na ja, sie ist groß … und schön … Du wirst es ja sehen! Jetzt musst du sie einrichten! Gut, ich habe dir eine letzte Frage zu stellen, und das ist die wichtigste.«
»Ich höre.«
»Versprich, dass du mir ehrlich antwortest, denn mit diesen Dingen verstehen wir hier keinen Spaß …«
»Versprochen, also sag schon.«
»Bist du Jungfrau?«
»Ja …«
»Wirklich? Der Kadi wartet auf deine Antwort, um sie in die Heiratsurkunde einzutragen …«
»Ach, weil meine Jungfräulichkeit und das Folgende ganz Rakka etwas angehen?«
»Aber nein! Nur den zukünftigen Ehemann und die oberste Behörde, das ist alles. Du bringst mich zum Lachen, du bist reizend und rein, Melodie.«

Ich persönlich verspüre nicht die geringste Lust zu lachen. Bilel fährt fort:
»Wenn man in dieser Hinsicht lügt, steht darauf die Todesstrafe. Vor unserer Hochzeitsnacht werden die Frauen es überprüfen.«
Diesmal muss ich lachen – ein gezwungenes Lachen.
»Versetz mich bloß nicht. Ich habe schon allen gesagt, dass du kommst, auch den Brüdern und der Grenzpolizei … Ich habe viel für dich riskiert. Also mach mich nicht lächerlich, sei stark und komm! Du bist eine richtige Löwin, meine Frau!«
»Die Grenzpolizei? Was soll das denn nun wieder? Irgendeine Absprache oder die richtige Polizei?«
Ich spiele auf die Türkei an, der man vorwirft, bei den Grenzübertritten ein Auge zuzudrücken.
»Beides. Das erkläre ich dir, wenn du unterwegs bist … So ist es zu gefährlich bei den vielen Bullen und Journalisten, die alles abhören. Sie sind samt und sonders Kāfir, die nichts als den Tod verdienen.«

Melodie lacht nervös. Sie lenkt das Gespräch in eine andere Richtung. Schon seit mehreren Tagen verspricht Bilel, ihr bei ihrer Hedschra zu helfen; doch er hat ihr noch keine Details erläutert, ihr nur gesagt, sie soll über Holland oder Deutschland fahren. Melodie spielt das Püppchen. Ja, sie wird ihre Hedschra machen. Und sie wird über Amsterdam reisen. Ich weiß, wie es weitergeht: von dort aus ein Flugzeug nach Istanbul und weiter nach Urfa oder Kilis. Doch Melodie fragt sich: und dann?
»Wir müssen noch über den Rest der Strecke sprechen. Und über Yasmine.«

»Wer ist Yasmine?«
Bilel hat die Fünfzehjährige schon vergessen, der er »einen guten Ehemann und ein traumhaftes Leben« zugesichert hat. Ich bin außer mir vor Wut. Und die kommt auch etwas in der Antwort meines Alter Ego zum Ausdruck:
»Machst du Witze? Yasmine, eine meiner besten Freundinnen. Du hast versprochen, dich um sie ebenso gut zu kümmern wie um mich! Wir haben mehrmals darüber geredet. Ich habe dich gefragt, ob ihr Alter ein Problem ist. Du hast mir gesagt, nein, und mir erklärt, dass die Scharia … Ohne sie komme ich nicht!«
»Ach ja, die Minderjährige … Fünfzehn sagst du?« Er reibt sich das Kinn, sein Blick ist schwärmerisch. »Beruhig dich, meine Kleine. Du darfst dich nicht so gegenüber deinem Ehemann aufregen, das ist haram … Mach dir keine Sorgen, wir kümmern uns gut um deine Freundin.«
»Was heißt das, ›wir‹? In Frankreich erzählt man sich jede Menge Geschichten über Frauen, die nur nach Syrien fahren, um dort die Bedürfnisse der Kämpfer zu befriedigen … Die Schwestern sagen, sie wären Sklavinnen!«
»Aber hör doch nicht auf das, was diese dummen französischen Schwestern reden! Sie sind nicht hier, ich schon. Und du musst jetzt auf deinen Mann hören und nur auf ihn. Verstehst du? Wie ich dir versprochen habe, werde ich mich gut um Yasmine kümmern … Am Tag bevor du nach Holland aufbrichst, erkläre ich dir, was du tun musst … Aber keine Sorge, ich werde da sein oder aber eine andere wichtige Person, um dich in Istanbul abzuholen.«

»Okay, das ist gut. Wir müssen also nach Istanbul?«
»Ja. Aber das sehen wir zu gegebener Zeit. Das Wichtigste ist, dass ihr schnell kommt. Vor allem du.«
»Ich höre meine Mutter auf der Treppe! Ich muss aufhören und zurück in mein Zimmer.«
Er ermüdet mich. Es fällt mir immer schwerer, mit ihm zu reden. Ich hätte besser daran getan, ihn, wie anfänglich geplant, im Hintergrund zu behalten, um bestimmte Fakten zu widerlegen oder zu bestätigen und etwas mehr über die Sitten und Gebräuche dort zu erfahren, statt mich auf diesen Wahnsinn einzulassen.
»Gut, meine Frau, ich liebe dich um Allahs willen … «
»Vergiss nicht, dass ich übermorgen für eine Woche mit ein paar Schwestern nach Tunesien fahre, um einen Arabischkurs zu machen. Ich bin dort nur schwer zu erreichen, es gibt da kein Internet.«
»Wirklich, du solltest lieber gleich herkommen, hier würdest du die Sprache und etliches mehr viel schneller lernen.«
»Nein, das ist geplant, und es wird mir guttun vor meiner Hedschra. Meine Mutter kommt, ich mache Schluss.«
»Ist es dir ganz egal, wenn ich dir sage, dass ich dich liebe?«
»Nein. Aber ich muss jetzt wirklich auflegen. Maschallah.«

Ich logge mich endlich aus. Und sinke auf mein Sofa. Ich fühle mich bedrückt. Ich denke an diese Yasmine, die denselben Namen trägt wie eine meiner Freundinnen, auch wenn es sonst keine Gemeinsamkeiten gibt. Absolut keine. Ich wünschte mir, sie wäre jetzt hier und wir könnten zusammen irgendeine blöde Fernsehsendung sehen und Sushi essen. Aber zunächst muss ich an Melodies Yasmine denken und auch für sie eine etwas erträglichere Geschichte erfinden. Ich brauche nur mein Gedächtnis anzustrengen und an die vielen Mädchen zu denken, deren Weg ich glücklicherweise gekreuzt habe. Wendy, Marlène und besonders Charlène … meine liebste Mädchenbande, die Raufboldinnen aus den Vororten von Lyon, mit denen ich nach sechs Jahren noch immer in Kontakt bin. Was sie nicht alles angestellt haben … Keine Kindereien. Aber jetzt sind sie ein wenig zur Vernunft gekommen und auf dem richtigen Weg.

Na ja, der Event des Tages ist dennoch, dass ich jetzt verheiratet bin! Ich verdränge alles, was Bilel Melodie heute Abend erzählt hat und was mir, der Journalistin, in der Folge schaden könnte. Ich will die Sache lieber entdramatisieren, meine alten Freunde Celine oder Andrew anrufen und dann ein heißes Bad nehmen, um beim Einschlafen an etwas anderes zu denken als an die Frauen, die mich untersuchen werden, um sich davon zu überzeugen, dass ich wirklich noch Jungfrau bin …

Als ich ins Badezimmer komme, sehe ich mich im Spiegel als Melodie. Ich habe schon wieder vergessen, den Schleier abzunehmen. Plötzlich habe ich zu nichts mehr Lust. Ich wünsche mir nur, es wäre schon morgen. Ich will bloß noch schlafen.

Donnerstag

Zum Mittagessen sitze ich mit Lou und drei anderen Freunden auf der Terrasse eines Cafés. Unsere Laune entspricht dem strahlenden Frühlingswetter. Wir genießen unsere Cheeseburger und erzählen Unsinn, der uns zum Lachen bringt. Plötzlich klingelt Melodies Kartenhandy. Wir sehen uns an – alle haben sofort begriffen, wer da anruft. Ich nehme das Gespräch an und entferne mich weit genug, um nicht meine Rolle vor meinen Freunden spielen zu müssen, denn das ist wirklich sehr persönlich. Ich will sie nicht beunruhigen, aber, um ehrlich zu sein, auch nicht, dass sie über mich urteilen … Seit er Melodie ihre »Hochzeit« angekündigt hat, will Bilel dauernd mit ihr reden. Er verlangt, dass sie ihm zärtlich Worte sagt, um ihm Mut zu machen. Er drängt auch immer mehr auf eine baldige Ankunft seiner Frau in Syrien. Das Gespräch ist kurz, Melodie zeigt sich zuversichtlich. Aber ohne es zu bemerken, habe ich mich dabei wohl so verhalten, dass meine Freunde ernsthaft beunruhigt sind. Fünf Minuten später setze ich mich wieder zu ihnen, als wäre nichts gewesen. Weil es für mich auch wirklich nicht von Bedeutung war. Außer, dass ich den Überblick behalten muss, wer hier wer ist. Die Arbeit an dieser Reportage erfordert eine gewisse Schizophrenie, doch ich spüre sie nicht. In meinem Kopf ist alles ganz klar. Ich habe sogar den Eindruck, zu einer Art Maschine geworden zu sein, die sich jeder Situation anpasst – dazu gehört auch die Unterdrückung von Abscheu. Außerdem geht die Geschichte ihrem Ende entgegen. Heute wollen wir festlegen, auf welche Art wir die Recherchen abschließen. Ich esse ein paar Pommes, doch als ich den Kopf hebe, stelle ich fest, dass alle Blicke auf mich gerichtet sind. Bilels Anruf scheint den anderen den Appetit verdorben zu haben. Meine Freunde sind blass geworden. Sie haben Angst, dass Bilel mich anhand des Kartenhandys orten könnte. »Kannst du dir die Konsequenzen vorstellen, wenn ihm das gelingt?« Natürlich kann ich. Aber, und das rufe ich ihnen in Erinnerung, das Prepaidhandy ist auf keinen Namen registriert, und bevor ich via Skype oder Facebook mit ihm kommuniziere, verberge ich meine IP-Adresse. Doch meine Erklärungen scheinen sie nicht zu überzeugen. Nach und nach gelingt es mir, das Thema zu wechseln, die entspannte Stimmung ist allerdings dahin.

Wir kehren in die Redaktion zurück und machen uns an die Arbeit. Doch sobald wir nach draußen gehen, um zu rauchen, spüre ich ihre Angst und ihren Pessimismus. Und das bedrückt mich. Ich habe sie zu beruhigen versucht, wenn ich noch weiter insistiere, würden sie das Gefühl haben, dass ich ihnen etwas vormache. Ich habe ein schlechtes Gewissen, weil ich ihnen offensichtlich Sorgen bereite. Am Abend schicken sie mir alle eine kleine Nachricht. Voller Zuneigung, aber auch mit vielen guten Ratschlägen. Der Ton ist ernsthafter und die Mails sind von zahlreichen aufmunternden Smileys begleitet. Einerseits verstehe ich sie, andererseits aber auch nicht. Man kann natürlich nicht alles voraussehen, aber im Moment sind sämtliche Vorsichtsmaßnahmen getroffen, und – das muss ich erneut wiederholen – viele Reporter in unserem Umfeld übernehmen weit gefährlichere Missionen. Trotzdem scheint man sich um sie weniger Sorgen zu machen als um mich. Obwohl ich sie nicht ganz gerechtfertigt finde, berührt mich die Fürsorglichkeit dieser wahren Freunde unglaublich.

Ab jetzt führt Melodie nur noch kurze Gespräche, deren Verlauf und Tempo sie bestimmt. Sie versucht so gut wie möglich, das honigsüße Geschwafel des Terroristen zu überhören und ihre Fragen ganz auf die Reiseroute zu konzentrieren – ein entscheidender Punkt für jeden Dschihadisten, der ernst machen will. Und das umso mehr, als Melodie in Begleitung von Yasmine, einer Minderjährigen, reisen wird. Obwohl es bei diesem Thema zu Spannungen zwischen ihr und ihrem Zukünftigen kommt, lässt sie sich nicht von ihrem Vorhaben abbringen.
An diesem Abend genehmige ich mir ein Gläschen mit Hadrien und treffe mich anschließend mit André, der jetzt, da das Ende der Reportage festzustehen scheint, zu Melodie zurückgekehrt ist. Wir müssen an unserer Strategie feilen. Es war nie geplant, dass ich Bilel wirklich treffe, vor allem nicht seit seinem Heiratsantrag

und seinen Fantastereien, dass wir auf Leben und Tod zusammengehören. Außerdem wäre es glatter Selbstmord, im Moment nach Syrien zu reisen. Noch dazu für eine Europäerin. Ganz zu schweigen von einer französischen Journalistin … Reporter gehen große Risiken ein, das ist ihr Beruf. Also muss man sich manchmal, wenn man aufbricht, darüber im Klaren sein, dass die Rückkehr eine Option ist, die nicht von unserem Willen abhängt. Und ich habe nicht einmal Kinder … Doch um die Sache abzuschließen, muss Melodie sich auf die Reise machen, und ich glaube, wir haben eine Lösung gefunden.

Sobald ich wieder zu Hause bin, lege ich eilig mein Melodie-Kostüm und meinen Schleier an und werfe dabei einen Blick auf die unzähligen Liebesbotschaften von Bilel, die sich auf meinem Computer häufen. Heute Abend hat Melodie wenig Zeit für ein Schwätzchen: Morgen fahre ich mit Lou nach Tunesien, während Bilel glaubt, Melodie besuche dort einen Arabisch-Intensivkurs in einer religiösen Schule, und ich möchte den letzten Abend vor meiner Abreise mit Milan verbringen. Also gibt Melodie vor, ihre Mutter würde jeden Augenblick nach Hause kommen und sie müssten sich beeilen, um den Reiseweg nach Syrien zu besprechen. Er hat ihr schon erklärt, dass sie »alles aufgeben muss, nichts zurücklassen darf«, nicht einmal einen Abschiedsbrief an ihre Mutter, dass sie »einfach verschwinden muss und ihr erst von Syrien aus Nachricht geben darf«. Aber er hat ihr noch nicht die konkreten Etappen der Reise durchgegeben, und die muss ich wissen, um meine Route mit André festzulegen.

Nach einigen kurzen Banalitäten kommt Bilel endlich zur Sache:

»Wie ich dir schon gesagt habe, fliegst du nach Holland oder nach Deutschland, ganz wie du willst. Dort stellst du dein Handy aus und wirfst es weg. Du kaufst dir ein Kartenhandy und schickst mir die Nummer an meine Skype-Adresse, damit ich sicher sein kann, dass die Nachricht von dir kommt. Dann gebe ich dir genaue Instruktionen, wie du nach Istanbul gelangst und wie es von dort weitergeht.«

»Nein, Bilel, du musst mir schon etwas mehr sagen. Das ist schließlich nicht irgendeine Reise, allein schon wegen Yasmine, die jünger ist als ich und sicher Angst hat.«

»Also, dann richte es so ein, dass deine Mutter am Tag deiner Abreise denkt, du würdest bei Yasmine schlafen und umgekehrt. Du gehst morgens mit einer Tasche aus dem Haus, die kaum größer ist als die, die du normalerweise mitnimmst. Yasmine soll es genauso machen. Dann fahrt ihr zum Flughafen. Passt auf, dass ihr nicht kontrolliert werdet – die Bullen sind überall. Verhaltet euch ganz normal und lasst euch keine Nervosität anmerken! Blickt nicht zurück, euer Platz ist hier, das müsst ihr euch immer wieder sagen … Okay? Du bist doch eine Löwin, meine Frau? Wenn man euch in Istanbul Fragen stellt«, er zwinkert ihr zu, »dann sagt ihr, ihr seid mit *Ärzte ohne Grenzen* unterwegs … Und nimm vor allem deinen Pass mit! Vergiss ihn bloß nicht! Das ist sehr wichtig, wenn du in Syrien bist.«

Ja, damit er ihn Melodie bei der Ankunft gleich abnehmen kann … für den Fall, dass die neue Rekrutin sich aus dem Staub machen will.

»Den Rest erkläre ich dir über eine sichere Telefonverbindung, wenn ihr eure Reise begonnen habt«, fährt der Terrorist fort. »Dann gebe ich dir auch die Telefonnummer der Mutter, die euch in Istanbul abholen wird.«

Eine »Mutter« …

»Versprichst du mir, dass es eine Frau sein wird? Nachdem du nicht willst, dass die Männer ihre Blicke auf mich richten, wirst du nicht zulassen, dass sich ein Bruder um mich kümmert und mich als Erster sieht, nicht wahr?«

»Natürlich nicht! Niemals, das wäre ja noch schöner! In der Türkei sind wir ohnehin sozusagen zu Hause … Da können wir machen, was wir wollen. Sobald du an der syrischen Grenze ankommst, werde ich nur wenige Meter von dir entfernt sein … Inschallah.«

»Wo denn?«

»Das sage ich dir noch. Im Gegensatz zu den meisten von uns kann ich nicht in die Türkei einreisen … Anderswo schon …«

»In den Irak?«

»Ja, meine Frau … Aber psst. Wir führen insgeheim eine große Mission, um das Land zurückzuerobern. Und, inschallah, eines Tages werden wir beide dort wohnen, das hoffe ich zumindest sehr.«

»Alle Mudschaheddin fahren in die Türkei, wann immer sie wollen. Das zumindest behaupten sie, wenn ich mir ihre Facebook-Profile ansehe … Warum dann nicht du?«

»Schon … aber bei mir ist das etwas anderes … Das erkläre ich dir, wenn wir über eine sichere Verbindung telefonieren … Übrigens, jetzt, da wir Mann und Frau sind, musst du deinen Facebook-Account löschen!«

»Warum? Es gibt dort kein einziges Bild von mir, ich rufe nur dazu auf, Gutes in der Welt zu tun.«
»Darum! Jetzt bist du meine Frau, und eine gute Frau gehorcht ihrem Mann aufs Wort.«
Okay, Melodie willigt ein, doch ich denke nicht daran, ihn zu schließen. Offenbar hat Bilel, der selbsternannte Terrorismusexperte, seltsame Methoden. Einerseits erwähnt er einfach so, dass seine Miliz den Irak erobern will, andererseits macht er ein Riesentheater um gewisse »Vertraulichkeiten«, die bei weitem nicht so wichtig sind, als dass man sie verschweigen müsste.
»Gut, ich muss aufhören … Ich gehe schnell zu Yasmine, um ihr deine Anweisungen mitzuteilen und den genauen Ablauf festzulegen. Ich melde mich.«
»Hast du Geld für die Tickets?«
»Yasmine nicht, aber ich kann welches beschaffen. Einmal vor Ort, wird es schwieriger …«
»Mach dir darum keine Sorgen, meine Kleine. Ich habe, was wir brauchen, und noch viel mehr. Du bist mein Juwel, und Rakka ist dein Palast, das habe ich dir ja schon gesagt. Du wirst behandelt wie eine Prinzessin.«
Melodie kürzt das Gespräch ab. Sie umgeht geschickt sein »Ich liebe dich um Allahs willen« und andere Liebeserklärungen, dann kann sie schließlich auflegen.

Endlich nimmt meine Reportage die Form an, die ich mir gewünscht habe. Ich habe viel erfahren, aber die Geschichte ist noch nicht beendet. Die Reise hingegen ist beschlossene Sache. Melodie wird über Amsterdam fliegen, weil ich dort einen Kontakt habe, den ich im Rahmen meiner Recherchen treffen will. Werde ich im

Flugzeug alle Jugendlichen skeptisch mustern und mich fragen, wer von ihnen zum Dschihad aufbricht? Aber bald ist *alles* vorbei. Was mir noch fehlt, ist der genaue Ablaufplan, der den Kandidaten erst im letzten Augenblick mitgeteilt wird, wenn sie ihr Land schon verlassen haben.

Beim Einschlafen erinnere ich mich an bestimmte Verse und Regeln des Korans, die so gar nichts oder nur sehr wenig mit dem zu tun haben, was ich von Bilel gelernt habe. In dem Heiligen Buch kommt das Wort »Mutter« zweiunddreißig Mal vor. Ich denke an jene, die aus tiefster Überzeugung bereit ist, zwei unschuldige Mädchen abzuholen, um sie den Mördern zum Fraß vorzuwerfen.

Freitag

Endlich treffe ich meine Freundin Lou am Flughafen. Diese kleine Auszeit wird uns beiden guttun. In dem Charterflieger stopfen wir uns mit M&Ms voll, lesen Promi-Magazine und machen Selfies. Kurz, zwei ganz normale Freundinnen. Der Sinn des Wortes »normal« ist mir seit einiger Zeit abhandengekommen, und diese Reise bietet mir eine kleine Erholungspause, bevor ich mich an den letzten Teil der Reportage mache, der direkt nach meiner Rückkehr beginnen soll. Trotzdem habe ich mein Melodie-Kostüm eingepackt, man weiß ja nie …

Als wir auf unser Gepäck warten, vibriert Melodies Handy, das irgendwo in meiner Handtasche vergraben ist. Neben den zahlreichen SMS von Bilel finde ich eine von einer gewissen Vanessa[1], die ich nicht kenne. »Hallo, Schwester, ich bin im sechsten Monat schwanger und will in den nächsten Tagen nach Syrien aufbrechen. Mein Mann kämpft für den deinen, und der hat

1 Name geändert

mir deine Nummer gegeben, und ich wollte dich fragen, ob wir nicht gemeinsam reisen können, denn in meinem Zustand habe ich etwas Angst und bin natürlich auch recht auffällig. Sobranellah, Schwester, bald sind wir dort.« Zum Schluss gibt sie mir noch ihre Skype-Adresse, damit wir in Kontakt treten können. Zunächst beachte ich diese Nachricht nicht weiter, denn die Geschichte scheint mir viel zu verrückt, um wahr zu sein. Dieses Mädchen, das plötzlich aus dem Nichts auftaucht und sozusagen hochschwanger ist, will offenbar mit Melodie zusammen reisen … Merkwürdig. Hat Bilel das eingefädelt, um zu überprüfen, ob man mir trauen kann? Egal … Diese wenigen Tage gehören mir. Ich werde sie nicht Melodie und schon gar nicht Bilel widmen. Ich stecke das Handy zurück in meine Tasche.

Als wir in unser Zimmer kommen, brechen wir in schallendes Gelächter aus beim Anblick der Handtücher, gefaltet zu sich umarmenden Schwänen, die inmitten von roten Blütenblättern auf unserem Bett thronen. Draußen hat es 28 Grad; ich öffne das Fenster und genieße die Sonne, die mich blendet und glücklich macht. Ehe wir zum Pool gehen, packen wir unsere Taschen aus, in denen sich quasi dieselben Kleidungsstücke befinden: knappe Shorts, Trägerhemdchen, Röcke, Turnschuhe, Sonnenbrille. Wir haben beide auch einen Pullover mitgenommen, und als ich meinen herausnehme, entdeckt Lou darunter zutiefst betroffen die dicke Dschellabah meines Alter Ego. Mit spitzen Fingern greift sie danach und sieht mich an. Ohne ein Wort zu sagen, zieht sie nur fragend die Augenbrauen hoch. Ich erkläre ihr, dass ich sie im letzten Moment eingepackt habe, sie aber ebenso wenig in den Schrank legen will wie den Hidschab. Während ich ein leichtes Kleid über meinen Badeanzug streife, neckt sie mich bei der Vorstellung, wie ich wohl mit diesem Schleier aussehe, den sie nun endlich auch entdeckt hat. »Soll ich ihn anlegen?«, frage ich lachend. Sie läuft auf die andere Seite des Zimmer und ruft wie ein Kind: »Nein, nein, nein!« Lou kennt schon Fotos von unseren Skype-Gesprächen und hat nicht die geringste Lust, Melodie wirklich existieren zu sehen. Aber immerhin sind wir im Urlaub, also werde ich sie zum Spaß etwas aufziehen. Als sie ins Bad kommt, stehe ich mit meinem Schleier schick zurechtgemacht da. Sie hält sich die Augen zu, kann aber nicht umhin zu kichern. Dann fotografiert sie mich, während ich mich vor dem Spiegel mit Sonnencreme einreibe. Von allen Bildern, die in dieser Zeit aufgenommen wurden, ist dies das einzige, das bei mir keinen bitteren Nachgeschmack hinterlässt.

Wir genießen die paar Tage Dolcefarniente ausgiebig. Die meiste Zeit liegen wir am Pool in der Sonne und quatschen über dies und das – »Frauengeschichten« halt. Und dann, eines Nachmittags klingelt das Handy. Aber es ist das von Melodie, das ich bewusst oder unbewusst nicht im Zimmer gelassen habe. Wir sehen uns an, als würde ein Phantom anrufen. Ich nehme das Gespräch an und entferne mich ein wenig. Am anderen Ende der Leitung höre ich einen panischen Bilel, der halb verrückt ist vor Angst. Er hat nichts Bedrohliches. Im Gegenteil, er klingt wie ein kleiner Junge. Seit zweiundsiebzig Stunden hat Melodie sich nicht

gemeldet! Geht es ihr gut? Hat sie ihren Mann vergessen? Sie beruhigt ihn mit leiser Stimme. Aber die Verbindung ist schlecht, und Bilel versteht Melodie nicht gut. Und ich spaziere im rosa Bikini und mit eingeölter Haut nur wenige Schritte von den anderen Urlaubern entfernt herum und rufe relativ laut:
»Maschallah, mein Großer, natürlich bin ich noch immer die deine. Aber hier gibt es kein Internet, und ich muss viel arbeiten. Während des Unterrichts dürfen wir nicht telefonieren.«
»Aber ihr seid nur unter Schwestern, oder? Trägst du wenigstens deinen Hidschab? Mein Herz erbebt bei der Vorstellung, dass alle dich sehen können.«
Wenn er mich jetzt wirklich sehen könnte …
»Bismallah, hier sind nur Frauen, und wir sind alle von Kopf bis Fuß verhüllt! Unser einziger Wunsch ist es zu lernen.«
Die Situation ist völlig absurd. Ein Boulevardstück 2.0. Die anderen Gäste in ihren Liegestühlen hören und sehen mir verblüfft zu. Lou kichert in ihr Badehandtuch. Sie lacht Tränen, als sie beobachtet, wie ich halb nackt eine andere spiele und mich in einem Gemisch aus Französisch und Arabisch ausdrücke, das ich nur annähernd beherrsche. Ich wende mich ab, um sie nicht zu sehen. Mein Gesicht ist rot angelaufen, und ich weiß vor Scham nicht mehr, wohin.
»Ah, du beruhigst mich, meine Frau … Ich habe schon gedacht, man würde dir etwas antun oder, schlimmer noch, man hätte dich gegen mich aufgebracht und nun wolltest du nichts mehr von mir wissen.«
»Aber nein, ganz und gar nicht.«
»Warum meldest du dich dann nicht?«

Weil ich Urlaub mach, vor allem Urlaub von dir, Bilel! Aber nachdem er nie wirklich zuhört, was sie sagt, wiederholt Melodie geduldig:
»Ich habe dir doch gesagt, dass es hier, im entlegensten Teil von Tunesien, kein Internet gibt. Der Handyempfang ist schlecht, und es ist sehr teuer …«
»Okay, meine Frau … Es tut mir leid, dich in solchen Bedingungen zu wissen … Hast du wenigstens Geld? Bald kümmere ich mich ganz um dich und um unsere kleine Familie.«
»Ja, mach dir keine Sorgen, aber mein Tarif ist begrenzt, und ich will mir noch ein paar Einheiten aufheben, falls ich sie wirklich brauche! Geht es dir gut?«
»Ja, keine Sorge. Ich werde dir alles erzählen, es gibt Neuigkeiten.«
»Ach, was denn?«
»Das erkläre ich dir später. Aber für uns ist alles in Ordnung … Inschallah. Wann kommst du?«
Bilel spielt auf die Eroberung einiger großer Städte an, die Daisch im Juni eingenommen hat, ebenso wie auf das Kalifat, das demnächst ausgerufen wird.
»Bald.«
»Wann?«
»Ich muss mit Yasmine sehen, wann die Flüge nach Istanbul am billigsten sind.«
»Aber wann? Wann, Melodie?«
Innerhalb weniger Minuten sind Überdruss und Stress erneut da. Alles fällt mir wieder ein. Das Gefühl der Bedrückung, der Lüge, mein Sofa, auf dem ich nie wieder werde sitzen können, ohne an unsere Gespräche zu denken.
»Bestimmt nächste Woche.«

»Okay. Du hältst mich auf dem Laufenden, ja?«
»Na klar.«
»Versprichst du es?«
»Ich verspreche es, Bilel.«
Und das ist ja auch wahr. Ich werde mich, seinen Anweisungen folgend, nach Istanbul begeben. Nur dass ich mit André statt mit der kleinen Yasmine reisen werde. Der Plan ist einfach: Bilel sagte mir, eine reife Frau würde uns abholen kommen. Sie erwartet zwei sehr junge Mädchen, bekleidet mit einer Burka, also wird sie nicht weiter auf zwei Freunde in Jeans und Turnschuhen achten, die in der Menge nicht auffallen und schnell das nächstbeste Taxi nehmen. André, der daran gewöhnt ist, »verdeckt« zu arbeiten, wird es so einrichten, dass er die alte Puffmutter fotografieren kann. Ich gehe ein paar Meter voraus, um ihm gegebenenfalls Informationen zu geben. Und während die Rekruteurin auf Melodie und Yasmine wartet, um sie sonst wohin zu bringen, nehmen André und ich ein Flugzeug nach Kilis – ebenfalls eine Grenzstadt, aber besser gesichert, weil unter kurdischer Kontrolle. In Kilis herrscht zwar kein Krieg, doch die Stadt ist genauso trist … Dort wollen wir ein Interview mit Guitone führen, um seine Antworten mit denen von Bilel, Abu Mustapha und anderen abzugleichen. So wird die Reportage mit einem Foto enden, das Melodie von hinten, wenige Meter vor der syrischen Grenze zeigt. Dort, vor dem Tor zur Hölle, bleibt die Journalistin zurück, während Melodie weitergeht. Dann ist die Arbeit abgeschlossen, ohne dass irgendjemand zu Schaden kommt. Zumindest nicht körperlich. So, das soll das Ende unserer Geschichte sein und damit auch

mein Motiv, die Nachforschungen, vor allem aber die Rolle der Melodie zu beenden … Schluss mit der Persönlichkeitsspaltung und der immer schwerer zu ertragenden Vermischung mit meinem Privatleben. Rhallas. Der Kreis hätte sich geschlossen. Das zumindest glaubte ich, als ich in Tunesien das Gespräch mit Bilel beende.

Vier Tage später

Meine kurze Auszeit in Tunesien geht dem Ende entgegen. Am Tag vor unserer Abreise bedrängt Bilel Melodie heftiger denn je. Frustriert, weil sie neulich am Pool nur kurz mit ihm telefoniert hat, überschwemmt er sie förmlich mit Nachrichten. Er leidet. Sie fehlt ihm so sehr. Wenn er vor dem Einschlafen nicht mehr das hübsche Gesicht »seiner kleinen Frau« erblickt, sind seine Nächte leer. Tagsüber hält er es irgendwie aus. Doch nun verzehrt er sich schon so lange danach, sie endlich wiederzusehen. Warum entzieht sie sich ihm? Sein Ton wird schärfer. Zwischen der fortwährenden Gehirnwäsche, der er Melodie unterzieht, und ihren stundenlangen Gesprächen hat er sich selbst verloren. Ich spüre, dass ich einen verliebten Mann vor mir habe … Und das ist schlecht, sehr schlecht für mich. Neben all seinen Fehlern leidet Bilel auch an einem überspannten Ego. Sollte ihm klarwerden, dass die junge Frau, an die er sein Herz verloren hat und die noch dazu Journalistin ist, sich seiner bedient hat, vergrößert sich das Risiko, das ich eingehe, enorm. Ich hoffe, mich zu irren, denn ein hintergangener Mann kann sich mit einem Mal von einer komplett anderen Seite zeigen, und ich wage nicht, mir auszumalen, wie das bei einem Dschihadisten wie Bilel aussehen könnte … Er hat eindeutig nicht die Größe, Melodie mit seinem Hass und seinen Rachegelüsten zu verschonen.

In unserem Hotel gibt es nur in der Nähe der Rezeption einen Internetzugang. Seit Tagen sieht man mich mit meiner Freundin herumalbern und die meiste Zeit, wie die anderen Urlauber auch, in Badekleidung. Der Gedanke, mich in der Lobby im Hidschab zu präsentieren, damit mein virtuelles Alter Ego ihren Zukünftigen beruhigt, ist für mich mehr als gewöhnungsbedürftig. Auf die Dschellaba werde ich in jedem Fall verzichten … Gleichzeitig spüre ich, dass er mich dringend sehen muss, damit er nicht an mir zu zweifeln beginnt. Ich werde die Webcam so einstellen, dass Bilel nur Melodies Gesicht sieht. Ich bete, dass er nicht von mir verlangt, die Kamera zu bewegen. Mir entgeht nicht, wie sehr Lou diese ganze Inszenierung auf die Nerven geht, obwohl sie nur leicht die Miene verzieht. Will sie mir deshalb Vorwürfe machen, oder ist sie um mich besorgt? Lou, die äußerst zurückhaltend ist, hasst jede Form der Einmischung.

An diesem Abend setzt sich Bilel sogar noch im Urlaub gegen Melodie, und damit auch gegen uns, durch. Er gewinnt. Er hat uns diese Woche mehr als einmal den Spaß verdorben, und jetzt vermiest er uns auch noch unseren letzten Abend. Wir setzen uns auf eine der langen, im Halbrund aufgestellten Bänke in der Hotellobby. Jede mit ihrem Laptop auf den Knien. Ich hatte

Lou vorgeschlagen, das allein durchzuziehen, aber auch sie muss heute dringend ins Internet. Vielleicht will sie aber auch nur in meiner Nähe bleiben, um mich zu beschützen? Mit Flip-Flops an den Füßen werfe ich mir den schwarzen Schleier über mein kurzes weißes Kleid. Mein Gesicht ist zu gebräunt für jemanden, der angeblich tagelang nur gepaukt hat … Lou tut so, als bemerke sie mich nicht. Umso besser. Das ist jetzt wirklich nicht der Moment, mein Gegenüber zu necken, um es zum Lachen zu bringen und die Situation zu entspannen. Obwohl sie für mich wie eine kleine Schwester ist, ist es mir peinlich, dass sie mir bei dem Gespräch zusieht. Aber sie weiß ja das meiste bereits. Es wird schon gehen, und die Unterhaltung wird nur kurz sein, denn Melodie hat es eilig.

Endlich sieht Bilel wieder Melodies Gesicht. Sein Blick ist besorgt.

»Geht es dir gut? Ohne dich ist der Kampf nur schwer zu führen. Mach das nie wieder mit mir, meine Liebste, mein Leben, meine Frau …«

»Maschallah, Bilel. Es tut mir leid, dir Kummer bereitet zu haben. Aber hier ist es einfach schwer, eine Verbindung zu bekommen. Und ich muss sehr diskret sein … Mein Aufbruch rückt näher … Die Schwestern hier bringen uns nicht nur Arabisch bei, sondern weisen uns auch ständig auf die Gefahren des Dschihad hin. Ich möchte keinen Verdacht erregen.«

»Hör nicht auf sie! Dein Platz ist hier, an der Seite deines Ehemanns! Wie sehr du mir gefehlt hast … Nun kann ich endlich ein paar Stunden ruhig schlafen.«

»Das hast du doch hoffentlich auch getan, seit wir das letzte Mal miteinander gesprochen haben?«

»Nicht wirklich … Ich habe dir von Anfang an gesagt, dass ich Allah verpflichtet bin. Bevor du kamst, kannte ich nichts als die Arbeit, aber nun bist du zu meinem zweiten Lebensinhalt geworden.«

Ich unterbreche die Verbindung. Aus zig Gründen. Schon allein, um Lou diskret zu beobachten, die ebenfalls ein Gespräch über Skype führt. Ich wüsste zu gerne, ob sie die letzten Sätze meiner Unterhaltung mit Bilel mitbekommen hat. Offensichtlich nicht. Sie tut noch immer so, als würde sie mich nicht bemerken. Außerdem umschwirren uns – ich weiß nicht, warum gerade heute – die Hotelanimateure, vor allem ein gewisser Moustique. Normalerweise richten sie nur dann das Wort an uns, wenn sie direkt neben unseren Liegestühlen Wasserball spielen, oder uns zur Belustigung der anderen Urlauber wecken, während wir mittags in der Sonne dösen. Doch nun scheinen sie sich ausgerechnet den heutigen Abend ausgesucht zu haben, um mit uns anzubandeln. Also, wenn Bilel auch noch eine Männerstimme im Hintergrund hört, wäre das die absolute Katastrophe. Er wird wieder anrufen, das ist sicher. Um mich herum wirft man mir erstaunte, ja sogar missbilligende Blicke zu. Sein Foto, das ihn als Kämpfer zeigt, erscheint erneut auf dem Bildschirm. Ich klicke auf »Antworten«.

»Sag mir, dass du mich liebst, Melodie!«

»Ich verstehe dich nur sehr schlecht, mein Großer, aber ich möchte dir sagen, dass es mir gutgeht und ich morgen wieder in Frankreich bin. Ich bitte dich bis zu meiner Rückkehr zu warten, damit wir reden können. Ich verspreche dir, ich werde Zeit haben …«

»Ich höre dich, meine Frau, und deine Worte beruhigen mich, aber mir gefällt es nicht, dass die Blicke aller auf dir ruhen …«

»Aber ich trage doch meinen Schleier …«

»Egal, du solltest auf keinen Fall so vor die Tür gehen. Der Schmerz, den mir das bereitet, fährt mir direkt ins Herz …«

»Was tue ich denn Unrechtes? Du hast mir gesagt, wenn ich verschleiert bin, darf ich außer Haus gehen!«

»Hier ja! Aber doch nicht im Land der Ungläubigen!«

»Ich bin doch in Tunesien …«

»Das sind die Schlimmsten, ihre Frauen tragen sogar Schuhe mit Absätzen! Die meisten Dschihadisten in Asch-Scham stammen aus Tunesien. Sie sind angewidert von den Wölfen, die die Lämmer in leicht zu habende, untreue Frauen verwandeln. Dass sich dir bloß niemand nähert. Sonst, das schwöre ich bei Allah, töte ich ihn!«

»Hier hat kein Mann je das Wort an mich gerichtet. Sei ganz unbesorgt … Okay? «

»Okay … Aber ich will sichergehen, dass dir niemand irgendwelche Flausen in den Kopf setzt. Du verbesserst dein Arabisch und sonst nichts. Du bist braun geworden, das verändert dich.«

Ich hatte mit dieser Bemerkung gerechnet, nehme aber keine Spur von Zweifel in seiner Stimme wahr.

»Das verändert mich? Umso besser, oder? Mit etwas Farbe sehen wir Frauen doch gleich hübscher aus, nicht wahr?«

Er antwortet mir mit verächtlichem Unterton.

»Mit deiner gebräunten Haut erinnerst du mich an die Frauen, die ich von hier kenne … Mir gefällt es besser, wenn der Teint heller ist, so wie Allah dich gewollt hat.

Dann wirkst du unschuldiger … Aber es bringt deine grünen Augen besser zur Geltung, und dieser Anblick wird mich in den Schlaf wiegen.«

Ich seufze innerlich. Lou wirft kurze diskrete Blicke auf meinen Bildschirm. Absichtlich unterbreche ich mehrmals das Gespräch unter dem Vorwand, die Verbindung sei schlecht. Dennoch dauert es noch eine ganze Weile, bis Melodie die Unterhaltung mit ihrem »Ehemann« beenden kann.

Unauffällig lege ich meinen Hidschab ab und drehe mich zu meiner Freundin um. Ich weiß genau, was ihr Gesichtsausdruck mir in diesem Moment sagen will. Sie ist verstimmt und derart aufgewühlt, dass es ihr die Sprache verschlägt. Es gelingt mir trotzdem, ihr ein paar Worte zu entlocken. Sie erklärt mir, dass es sie unglaublich verstört habe, den Dschihadisten zu hören. Also hat sie doch etwas von unserem Gespräch aufgeschnappt … Sie findet es mehr als riskant, dass ich, die Journalistin, mich derart in Gefahr bringe. Denn ihrer Ansicht nach wirkt die Nähe zwischen den beiden überaus echt, was sie noch mehr erschreckt. Lou hat gespürt, dass Melodie zu Bilel gehört, und das ist ein echter Schock für sie.

Sie erklärt mir, sie werde später nachkommen; sie müsse erst noch skypen. Als sie das Zimmer betritt, bin ich schon im Bett. Schweigend legt sie sich auf ihres. Ich warte, dass sie mich ansieht, und schließlich lächelt sie mir zu. Wir sprechen nicht über das, was passiert ist. Ich fahre schweres Geschütz auf und lackiere ihr die Nägel. In Rot.

Mittwochabend

Da ist es wieder, mein Sofa. Genauso dunkel wie Melodies Gewand. Normalerweise freue ich mich immer sehr, in meine Wohnung zurückzukommen. Mein Nest wiederzuentdecken, das mir noch mehr Schutz zu bieten scheint als vor meiner Abreise. Hier fühle ich mich unangreifbar. Vor allem ist mein großer Hund da, den ich so unendlich liebe. Er ist nach einem Song von Nancy Sinatra benannt, ähnelt einem riesigen Plüschtier und tut nichts anderes als schlafen. Heute Abend schlüpfe ich nach dem Duschen sofort unter meine Bettdecke. Ich werde Bilel aus meinem Schlafzimmer anrufen. Das habe ich nur selten gemacht, denn André mochte es nicht sonderlich, aber manchmal hatten wir – aus Zeitmangel oder wegen der Lichtverhältnisse – keine andere Wahl. Hier ist es wohlig und warm. Nur der Schein einer Kerze erhellt den Raum. Den Laptop auf den Knien, lege ich noch rasch den Schleier an. Die Kamera ist so ausgerichtet, dass Bilel nur mein Gesicht sehen kann. Ich habe mir Tee gemacht und stelle die Tasse auf dem Nachttisch ab. Ich logge mich

ein. Schon nach seinen ersten Worten strengt es mich unglaublich an, ihm zuzuhören. Ich kann ihn nicht länger ertragen.
»Hab ich dir gefehlt? Liebst du mich? Ich liebe dich so sehr … Melodie, meine Frau …«
»Die Verbindung ist schlecht, und ich verstehe dich nicht gut. Was gibt's Neues bei dir?«
»Also, eine Sache muss ich dir unbedingt erzählen! Ich habe deine Telefonnummer an die Frau eines Bruders weitergegeben. Sie kommt auch bald hierher, aber sie ist im sechsten Monat schwanger. Daher würde es sie beruhigen, wenn ihr zusammen reisen könntet. Immerhin bist du die Frau eines Emirs, du verstehst … Im Gegenzug könnte sie dir – von Frau zu Frau – ganz sicherlich viele gute Ratschläge geben … Sie heißt Vanessa.«

O nein! Ich unterbreche sofort die Verbindung. Die Nachricht, die ich in Tunesien erhalten und für hanebüchen gehalten hatte, stimmte also! Ein offensichtlich minderjähriges und hochschwangeres Mädchen will sich in die Hölle begeben. Bilel ruft wieder an. Ich schlage den Laptop derart heftig zu, dass ich den Deckel beschädige. Ich suche in Melodies Handy nach der SMS von Vanessa und tippe hastig eine Antwort.
»Salam alaikum, Schwester, tut mir leid, dass ich mich so spät melde. Ich musste erst über die ganze Angelegenheit nachdenken … Ist jetzt der richtige Zeitpunkt, um nach Syrien zu gehen? Immerhin bist du schwanger …«
Vanessa simst mir auf der Stelle in einem Gemisch aus Arabisch und Französisch, das für mich schwer ver-

ständlich ist. Aber immerhin, so viel wird klar, ist sie wild entschlossen, zum Vater ihres Kindes zu fahren. Sie bittet mich, diese Reise mit ihr zusammen anzutreten, und verspricht mir im Gegenzug, alle Fragen zu beantworten, die ich selbst noch habe. ›Und was jetzt?‹, frage ich mich voller Panik. Ich könnte die Polizei einschalten. Ja, aber ich bin Journalistin und lehne es ab, wen auch immer zu denunzieren – erst recht nicht ein Mädchen in diesem Zustand. Aber wäre das in diesem speziellen Fall tatsächlich Denunziation oder eher eine Schutzmaßnahme? Ich wäge die Möglichkeiten ab. Melodie schlägt ihr letztlich vor, die Entscheidung um eine Woche zu verschieben, um alles besser vorbereiten zu können. Auf diese Weise gewinne ich etwas Zeit. Vanessa willigt überschwenglich ein, und mit diesem Ergebnis beenden wir unseren rund zwanzigminütigen SMS-Austausch. Das lässt mir genügend Spielraum, die Sache auch mit meiner Redaktion zu besprechen.
Jetzt muss ich aber Bilel anrufen. Widerwillig logge ich mich erneut ein. Melodie murmelt eine Entschuldigung, irgendwas mit ihrer Schwester, und lässt ihn dann reden. Bis jetzt habe ich schon viele Informationen sammeln können. Mehr, als ich anfänglich je erwartet hätte. Doch inzwischen habe ich nur noch einen Wunsch: Ich möchte die Sache so schnell wie möglich abschließen.
Ich höre nicht mal mehr auf sein Liebesgesäusel. Melodie möchte ihm nur noch einmal sagen, dass sie in zwei Tagen endlich aufbrechen und zu ihm kommen wird; und sie will auch sicher sein, dass er alles richtig verstanden hat. Ich greife nach meiner inzwischen abgekühlten Tasse Tee und puste trotzdem hinein, um

ruhig und gelassen zu wirken. Doch so weit kommt es nicht.
»Oh! Oh! Das ist haram, was du da machst. Hör sofort damit auf! Oh, Melodie!«
Womit soll ich aufhören? Ich verstehe rein gar nichts. Aber was es auch ist, es scheint ihn völlig aus dem Häuschen zu bringen. Er starrt mich entsetzt an. Was habe ich getan, um Melodie derart zu schaden?
»Hör auf, in den Tee zu pusten!«
»Aber er ist heiß!«
»Das ist maklum![1] Weißt du das denn nicht?«
»Nein … Wieso?«
»Das entspricht nicht den islamischen Gesetzen, sondern denen deines Landes! Also wirklich, Melodie!«
Aha! Offensichtlich scheint es in den Gesetzbüchern der über zweihundert Länder weltweit jeweils einen Passus zu geben, der sich mit dem »ordnungsgemäßen Verhalten bei Heißgetränken« beschäftigt, oder was?
»Ich sehe keinen Zusammenhang …«
»Du darfst die Natur der Dinge nicht verändern, so steht es geschrieben … Die Scharia folgt da ganz strikten Gesetzen: Egal, welches Problem du morgen auch hast, wenn du zum Beispiel angegriffen, bestohlen wirst oder dir sonst etwas zustößt, darfst du in deinem Land keine Anzeige erstatten, sonst giltst du als Kāfir. In so einem Fall wirst du zu meinem und zum Feind des Allmächtigen, denn wenn du dich der menschlichen Justiz unterstellst, bist du eine Ungläubige. Deine Mutter zum Beispiel, die hat doch bestimmt irgendeine Versicherung abgeschlossen?«

1 Verboten

»Ja! Mehrere sogar, auch für ihre Kredite!«
»Und das macht deine Mutter automatisch zu deiner Feindin. Sie gehorcht nicht den Gesetzen, also nicht den islamischen. Folglich schuldest du ihr nichts mehr. Ich rate dir dringend, dich noch mal in den Tauhid und die Da'wa[2] zu vertiefen! Und dich vom Feind abzuwenden.«
Da haben wir's. Nachdem ich das Alte Testament gelesen habe und das Neue und den Koran, brenne ich darauf, mich in die Gesetze zu vertiefen, die die Grundlage der Scharia bilden. Doch je mehr Zeit verstreicht, desto mehr verachte ich Bilel. Er wirkt auf mich wie ein Pädophiler, der einen schwärmerischen Blick bekommt, wenn er von Yasmine redet, Melodie aber vor Laster und Lügen warnt. Er ist nicht, wie ich anfangs glaubte, ein Wolf im Schafspelz. Er ist ein Teufel. Ich habe seinen Blick gesehen, als er Melodie anfuhr, weil sie in ihren Tee gepustet hat. Als er ihr sagte, ihre Mutter sei »automatisch ihre Feindin«.
Ich möchte mich weiter mit dem Islamischen Staat, mit al-Qaida und ganz allgemein mit dem beschäftigen, was sich gerade im Mittleren und Nahen Osten abspielt, aber ohne Bilel als bösen Flaschengeist, nach dessen Pfeife ich tanzen muss. Melodie will sich gerade ausloggen, als Bilel sie plötzlich fragt:
»Wie alt bist du?«
»Hast du das etwa schon vergessen?«
»Nein, ich habe aber meine Zweifel.«
Weil ich wissen will, wie er reagiert, versuche ich es mit einer Kehrtwendung:

---

2 Einladung an Andersgläubige, der Botschaft des Islam zu lauschen

»Bald werde ich achtzehn.«
»Okay … Ah, meine kleine Frau, wie schön du bist.«
»Aber nein, ich bin zwanzig Jahre alt! Yasmine ist die Minderjährige!«
»Maschallah, meine Frau, du führst mich an der Nase herum. Das ist nicht nett, mein Liebling!«
»Ich weiß, dass du achtunddreißig und am achten Januar geboren bist! Das steht doch alles auf deinem Skype-Profil.«
»Nur um die Spuren zu verwischen!«
»Du bist also nicht achtunddreißig?«
»Doch, aber ich bin nicht im Januar geboren, sondern am sechsten Juni 1976! Ich musste hin und wieder eine andere Identität annehmen …«
Mein Herz schlägt bis zum Hals. Jeder Journalist wäre auf der Stelle auf diesen letzten Satz angesprungen. Ich kann es nicht. Und nicht nur, um meine »Tarnung« aufrechtzuerhalten, denn in diesem Augenblick habe ich nicht übel Lust, mir den Schleier vom Gesicht zu reißen. Ich antworte mit meiner echten Stimme, mit der, die nicht affektiert klingt. Ich kann nicht länger vorgeben, eine andere zu sein.
»Ich muss jetzt aufhören, Bilel.«
»Schon?«
»Ja. Gute Nacht.«
»Aber …«
Ich schneide ihm das Wort ab. Zum zweiten Mal an diesem Abend klappe ich den Laptop mit aller Wucht zu. Nach dem Gespräch, dem Milan beigewohnt hat, ist es das zweite, nach dem es mir schlechtgeht. Zum zweiten Mal ist Bilel, ohne es zu wissen, mit meinem echten Leben kollidiert – und ein drittes Mal wird es

nicht geben. Ich zünde mir eine Zigarette an und kämpfe gegen den Wunsch an, meinen Laptop wütend an die Wand zu schmeißen.

Eines Tages, es ist schon lange her, hat einer meiner älteren Brüder – der, der im gleichen Jahr geboren ist wie Bilel – einen Satz gesagt, den ich nie vergessen habe. Meine Familie und ich, wir waren gerade in eine größere Wohnung umgezogen, die quasi direkt gegenüber von einem Friedhof lag. Seite an Seite standen mein Bruder und ich am Fenster und sahen auf diese unbelebte riesige Fläche. Schweigend rauchten wir unsere Marlboro. Auf einmal murmelte mein Bruder, als würde er laut nachdenken: »Jedes Omen hat seine Zeit.« Kurze Zeit später starb er, weil er nicht mehr leben wollte. Er war gerade sechsundzwanzig geworden, am sechsten Juni. Bilel und mein guter Stern sind am gleichen Tag im gleichen Jahr geboren. Nur, dass der eine noch lebt und der andere nicht mehr.

Das habe ich noch nie jemandem erzählt. Es vergeht kein Tag, an dem ich nicht seine großen dunklen Augen mit den endlos langen Wimpern vor mir sehe. Ich denke an meine Eltern, die noch immer in dieser Wohnung leben.

Und diesen makaberen Zufall halte ich für ein schlechtes Omen.

Am nächsten Morgen

Das Klingeln des Handys reißt mich aus dem Schlaf. Noch ganz benommen nehme ich das Gespräch an. Es ist André. Er kann mich morgen nicht nach Amsterdam begleiten. Soeben hat er vom Tod seines Vaters erfahren. Er entschuldigt sich ein ums andere Mal, dass er ausgerechnet jetzt aus dem Projekt aussteigen muss … In seiner Stimme mischen sich Kummer und Enttäuschung, weil er nicht mit dabei sein kann. Und das nach all dem, was wir bei dieser Geschichte gemeinsam durchgemacht haben. Aber nun ist sein Platz selbstverständlich bei seiner Familie! Mir kommen die Tränen. Die Reportage ist mir in dem Moment vollkommen egal; ich will ihn nur in die Arme schließen. Ich weiß nicht, wie ich ihn beruhigen und dazu bringen soll, die Arbeit, Bilel mit eingeschlossen, hintanzustellen. Er bittet mich, in der Redaktion Bescheid zu geben. Was ich nach unserem Gespräch natürlich sofort tue. Doch zuerst dusche ich und ziehe mich an, so viel Zeit muss sein. Dann fahre ich los. Als ich in der Redaktion eintreffe, stecken sie schon mitten in der

Debatte, welcher »vertrauenswürdige« Fotograf für André einspringen könnte. Es sollte jemand sein, der routiniert genug ist, um ein Auge auf mich zu haben, wenn wir an der türkisch-syrischen Grenze sind, der aber auch hinreichend mit der Mentalität dieser Fanatiker vertraut ist … Ganz zu schweigen von dem Risiko, das wir beide eingehen, und der dafür erforderlichen Kaltblütigkeit. Trotz aller Vorsicht, die meine Redaktion walten lässt – die sogar daran denkt, das Projekt zu canceln –, läuft jeder Europäer in dieser Region Gefahr, gekidnappt zu werden.

Mit der Unterstützung von zwei Vorgesetzten, dem Chef der Bildredaktion und Hadrien, der das Projekt von Anfang an betreut hat, brauchen wir dennoch Stunden, um überhaupt mal zwei geeignete Kandidaten auszuwählen. Neben den Vorbehalten, ja der Ablehnung, die viele Fotoreporter angesichts einer Reise in diese Region bekunden, ist es die mangelnde Qualität ihrer Arbeit, weswegen andere nicht in Frage kommen; so fällt die Entscheidung wirklich schwer. Am Ende wird es Charly. Ein großartiger Fotograf, den ich persönlich nicht gut kenne, wohl aber seine Reputation und einige der packenden Bilder von den verschiedensten Krisenherden, in denen er in den letzten dreißig Jahren war. Die Journalistin in mir ist beruhigt. Mit Charly wird alles gut. Doch persönlich wäre mir jemand anderer lieber gewesen. Jemand, den ich gut kenne und dessen Arbeit ich auch bewundere, Julien zum Beispiel. Charly wird mich dabei beobachten, wie ich mich – als Melodie – bei Bilel verstelle, und das wird sein erster Eindruck von mir sein. Der Gelegenheitsschauspielerin, die ich seit Wochen verkörpere, wäre es lieber gewesen, wenn ein ihr Nahestehender sie dabei beobachtet hätte. Ich hoffe, Charly urteilt nicht über mich, denn ich habe ihn bei den wenigen Malen, wo wir uns flüchtig über den Weg gelaufen sind, als sehr ernsthaften Menschen kennengelernt. Die Redaktion hat ihn instruiert, und abends telefonieren wir, damit ich ihm eingehendere Erklärungen geben kann. Doch kaum will ich den Mund aufmachen, unterbricht er mich auch schon:

»Verehrteste, ich möchte gar nicht erst wissen, wie Sie richtig heißen. Für mich sind Sie Melodie, denn ich möchte das Projekt nicht dadurch gefährden, dass ich Sie aus Versehen mit Ihrem echten Vornamen anspreche. Den dürfen Sie mir verraten, wenn die Reportage beendet ist.«

Wunderbar! Sein Vorschlag bringt mich zum Schmunzeln. Ich hatte mir diesen Herrn etwas förmlich und humorlos vorgestellt. Doch beides trifft nicht zu. Und heute danke ich Gott, falls es Ihn gibt, dass sich unsere Wege gekreuzt haben. Danach sprechen wir ausführlich miteinander. Charly ist in eine komplexe Reportage hineinkatapultiert worden, von der er vor vierundzwanzig Stunden noch nichts wusste. In den frühen Morgenstunden des nächsten Tages wird ihn dieser Auftrag nach Holland führen und übermorgen an die türkisch-syrische Grenze. Das Thema ist alles andere als alltäglich. Vor allem auch die Tatsache, dass die Journalistin gleichzeitig auch die Protagonistin der Story ist. Er fragt sich, wie er mich fotografieren soll, ohne dass man mich dabei erkennt. Ich spüre seine Beunruhigung, Bilder von Gesprächen anfertigen zu müssen, wo es normalerweise sein Job ist, im Schutz

eines Panzers inmitten der Kämpfe Aufnahmen zu machen … Die Zeitung hat ihm drei Aufgaben gestellt. Die erste: Lola[1] ablichten, das Mädchen, das wir in Amsterdam treffen werden. Die zweite: ein Foto der »Mutter«, die Melodie und Yasmine in Istanbul in Empfang nehmen wird. Die dritte: die Treffen in Kilis, wo er zunächst Guitone und später Melodie fotografieren soll. Lola hat meine Route bestimmt. Ihre Aussage kam wie gerufen, und sie lebt in einer der Städte, durch die Melodies Reise führt. Auch wenn meine Wahl bereits getroffen war, schon wegen meiner Liebe zu dieser Stadt. Aber wir haben uns vor allem für diesen Ort entschieden, weil Hadrien sich an jenem Wochenende dort aufhält, um am Treffen der World Press teilzunehmen – der wichtigsten Veranstaltung des Jahres, auf der die weltbesten Fotos und ihre Urheber ausgezeichnet werden, darunter auch etliche Freunde. Sozusagen das Cannes der Fotoreporter.
Im Internet hat Melodie zahlreiche Schwestern kennengelernt und gesprochen, darunter auch besagte Lola, die unbedingt nach Syrien zu einem IS-Kämpfer wollte, den sie zu lieben glaubte. Zum Glück wurde sie kurz vor ihrer Abreise in die Türkei abgefangen. Eine Geschichte, die ich unbedingt von ihr selbst hören möchte, vor allem, weil sie in vielerlei Hinsicht der von Melodie ähnelt … Nachdem ihr Ärger verraucht und ihr durch das Einschreiten der Polizei untersagt worden war, Kontakt zu ihrem Dschihadisten aufzunehmen, war Lola mit den zunehmenden Greueltaten ihrer Brigade, will heißen ihrer »Familie«, konfron-

1 Name geändert

tiert. Und sie konnte sich auf verschiedenen westlichen und östlichen Websites selbst ein Urteil bilden. Letztlich erkannte sie, dass die Ideologie der Daisch-Milizen nicht die ihre war. Sie lebt in einem Heim, denn auch wenn sie begriffen hat, dass es nicht nötig ist, sich in den Krieg zu begeben, hält sie doch streng an ihrer Religion fest. Ihre Eltern, Protestanten, tolerieren sie nur dann im Haus, wenn sie Burka und Handschuhe ablegt. Doch Lola weigert sich. Da sie überwacht und abgehört wird, ist es sicherer, wenn wir uns unter vier Augen treffen. Sie hat Angst, dass ein Interview mit einer Journalistin ihr entweder gegenüber Daisch oder gegenüber der Polizei schadet.

Ziel dieser Reise ist es also auch, ihre Erfahrungen mit in meine Reportage aufzunehmen. Und ihre Aussagen werden auch für Melodies Erklärungen nützlich sein, wenn sie Bilel letztlich mitteilt, dass sie nicht kommen kann. Das Ende wird abrupt sein. Der Kämpfer wird seine Beute nicht so leicht aufgeben.

Mein Gespräch mit Lola ist für sechzehn Uhr anberaumt. Von der anderen Seite des Ufers aus wird Charly mit Hadriens Unterstützung Fotos schießen, die unser Treffen belegen sollen. Er wird uns extra im Profil aufnehmen, damit man uns, vor allem Lola, nicht so leicht identifizieren kann. Anschließend wird er die letzte Unterhaltung zwischen Melodie und Bilel festhalten … Die, in der er ihr, nachdem sie nun endlich zur Hedschra aufgebrochen ist, die letzte Wegetappe erklären wird, auf die ich so ungeduldig warte. Und am nächsten Morgen, wenn er mich mit Yasmine im Flugzeug nach Istanbul wähnt, werden Charly und ich schon längst dort sein. Wenn alles gutgeht, fotografieren wir

die Fluchthelferin, die Yasmine und Melodie abholen soll, und haben Zeit genug, unseren Anschlussflug nach Kilis zu erreichen. Nach dem Interview mit Guitone möchte ich mir selbst ein Bild von der Stimmung und Trostlosigkeit dieser Grenzstadt machen – Männer, vielleicht Frauen oder sogar Jugendliche befragen, was sie bei diesem Anblick empfinden und was sie dazu verleitet hat hierherzukommen.
Ich muss unbedingt zu dieser Demarkationslinie. Tief Luft holen und wieder auf die »gute« Seite zurückkommen. Mich endlich von der Last befreien, die Melodie darstellt. Sie loslassen, aber vor allem mich von ihr trennen. Danach werde ich wahrscheinlich in ein Hotel gehen, in dem die Gäste nie länger als eine Nacht bleiben, bevor sie »auf die andere Seite« hinüberwechseln. Von dort aus wird Melodie eine letzte Mail an ihren Verlobten schicken, um ihm zu sagen, dass jemand sie denunziert haben muss, denn man habe sie nicht an Bord des Flugzeugs nach Istanbul gehen lassen. Sie werde überwacht und müsse zunächst zurück nach Frankreich. Dann wird sie einfach nicht mehr existieren. Als hätte sie sich in Luft aufgelöst. Und Bilel wird nie mehr von ihr hören.
Das Ende meiner Reportage über den Cyber-Dschihad soll mein Aufenthalt in Kilis bilden, um zu zeigen, wie einfach es denjenigen gemacht wird, die sich auf diese erschreckende und gefährliche Reise begeben.

Doch es sollte alles ganz anders kommen.

Freitag

Orly. Ich entdecke Charly in der Menge der Passagiere. »Woher weißt du, wie ich aussehe, wo ich dich selbst doch gar nicht kenne, Melodie?« Ich antworte, dass sein Ruf ihm vorauseile, der meine mir aber weit weniger … Wir sind uns auf Anhieb sympathisch. Zunächst einmal hört er nicht auf, sich über Melodie zu mokieren, und ich liebe es, wenn man mich zum Lachen bringt. Charly ist genau das Gegenteil von dem, was ich mir vorgestellt habe! André und er sind so verschieden. Charly ist gesetzt, spricht leise und immer mit einer Spur von Ironie. Er hat sich stets unter Kontrolle und lässt sich nie etwas anmerken. Humor und Gelassenheit sind seine Waffen. Er neigt dazu, jede Situation zu entdramatisieren, und führt seine Reportagen konsequent zu Ende.
Ich habe eine alte Rolleiflex mitgenommen, die mir mein Vater geschenkt hat. Das antike Stück dürfte vierzig Jahre alt sein. Aber ich kann nicht mit ihr umgehen. »Schau, das ist ganz einfach«, meint Charly und nimmt sie mir aus den Händen. Wir sind mitten im Foto-

grafieunterricht, als Hadrien sich zu uns gesellt. Charly und er kennen sich sehr gut und das seit vielen Jahren. Obwohl ich traurig bin, dass André nicht dabei ist, und ein schlechtes Vorgefühl habe, steigen wir gut gelaunt ins Flugzeug und können es nicht erwarten, endlich in Amsterdam anzukommen.
Während des Flugs beginne ich, die Einleitung meiner Reportage zu schreiben, denn von jetzt an wird alles sehr schnell gehen. Der Flug dauert nur eine Stunde, und mit einem Ohr höre ich *Eye of the Tiger*, den berühmten Titelsong von *Rocky III*. Mir ist, als würde ich mich in dem Film befinden … Wenn mir die Stewardess nicht ein Tütchen Selleriesalz zu meinem Tomatensaft gibt, verpasse ich ihr einen Uppercut. Den ich Bilel so gerne versetzen würde.

Als wir in Amsterdam landen, überstürzt sich alles. Lola verschiebt unser Date um eine halbe Stunde; sie scheint zu zögern. Dann ruft sie erneut an, um es noch mal um ein oder zwei Stunden zu verlegen. Sie erklärt mir, sie könne in dem Heim, in dem sie wohnt, nicht kommen und gehen, wie sie wolle. Mist! Charly und ich wissen beide, dass es kein gutes Zeichen ist, wenn ein »Kontakt« dauernd das Treffen verschiebt … Gut, drücken wir die Daumen, dass sie uns nicht versetzt. Während ich mir schnell ein Prepaidhandy kaufe, das nicht zu orten ist, so wie Bilel es von Melodie verlangt hat, machen sich Charly und Hadrien bei brütender Hitze daran, die besten Orte für die Aufnahmen mit Lola zu finden. Es ist Ende April, und die Temperaturen in Amsterdam erreichen bis zu dreißig Grad. Zu allem Überfluss ist heute Koningsdag, der holländische

Nationalfeiertag. An allen Straßenecken legen DJs ihre ohrenbetäubenden Tracks auf und entfalten einen wummernden Mix-Teppich. Die Einwohner, die traditionsgemäß in Orange gekleidet sind, lachen, trinken, singen. Mit Perücken ausstaffiert, tragen sie à la Run DMC[1] ihr Kofferradio auf der Schulter. Die Hitze und der Lärm, verbunden mit dem knappen Timing, beginnen, nachdem die Situation ohnehin schon angespannt ist, an unseren Nerven zu zerren. Und dann entdecke ich das Hotel, in dem wir absteigen wollen, am Rand eines Kanals, somit im Epizentrum der Lärmbelästigung … Fantastisch. Das hat uns gerade noch gefehlt. Während ich auf das Treffen mit Lola warte, bereite ich sorgfältig alles vor, was für das letzte Skype-Gespräch zwischen Melodie und Bilel gebraucht wird: zwei Burkas, wie er sie verlangt hat, mein persönliches Handy, um die Gespräche aufzunehmen, das neue, um ihn zu kontaktieren, und das von Melodie, das ich für alle Fälle aufgehoben habe. Ich habe in diesen letzten Monaten stark abgenommen. Mein Gesicht ist regelrecht ausgezehrt. Ich steckte so in der Sache drin … Vom Bett meines schäbigen Zimmers aus betrachte ich zum letzten Mal die Dschellaba und den Hidschab von Melodie. Das versetzt mir einen Stich ins Herz. Nicht, weil ich meine Verkleidung aufgeben, sondern sie, Melodie, zurücklassen muss. Und wie immer nach Phasen großer Anspannung frage ich mich: *Und jetzt?* Bilel wird mir nicht fehlen, das steht fest. Genauso wenig diese Haltung der schüchternen Schmeichlerin, die ich mir aneignen musste. Aber der syrische Alltag,

1 Berühmter amerikanischer Rapper der 80er Jahre

selbst der aus Bilels Blickwinkel, wird mit ihm aus meinem Leben verschwinden. Nach Überprüfung der Informationen war er meine beste Quelle. Ich war zugegebenerweise süchtig nach seinen Berichten. Meine Gedanken werden konfus. Ich bin müde.

Und als hätte ich nicht schon genug Stress, ruft mein Vater zum x-ten Mal an. Ich weiß nicht, was er auf einmal hat. Heute Morgen am Flughafen hatten wir das Gespräch abrupt beendet. Über meinen Bruder und meine Mutter weiß er vage, dass ich in Amsterdam bin, mehr aber nicht. Er spürt, dass ich ihm ausweiche. Es ist erst eine knappe Woche her, dass ich ihm mitgeteilt habe, an einem speziellen Fall zu arbeiten, ohne weitere Details preiszugeben. Aber er ist nicht dumm und kennt sehr gut meine bevorzugten Themen. Er hat mich gefragt, was ich in Amsterdam zu tun hätte und vor allem was ich weiter planen würde. »Ich habe was von der Türkei gehört. Wenn du nach Syrien reist oder auch nur an die Grenze, brichst du mir das Herz! Hast du diese Geiseln da unten gesehen? Tu mir das nicht an. Du weißt, dass du das Land anschließend niemals mehr verlassen kannst.« Er brüllte regelrecht. Er, der so ausgeglichen und ruhig ist …

Ich stand neben Charly, als die väterliche Sorge fast mein Ohr zerriss. Ich weiß nicht, ob der große Kriegsfotograf unser Gespräch mit verfolgt hat, aber ich empfand tiefe Scham darüber, dass ich mich vor ihm von meinem Vater zurechtweisen lassen musste, »nur« weil ich in den Nahen Osten reisen will … Seit ich zwanzig bin, bemühe ich mich, meinen Eltern gegenüber eventuelle Probleme, mit denen ich konfrontiert sein könnte, zu verschweigen, und erzähle deshalb nichts

von Reportagen, die mich begeistern, sie dagegen nicht. Meine Mutter weiß, wie vorsichtig ich bin. Mein Vater hingegen geht davon aus, dass – Vorsicht hin oder her – die Gefahr von den anderen ausgeht. Über lange Minuten versuche ich, Ausflüchte zu finden, aber ich verhaspele mich. Wie soll ich ihm erklären, ohne ihn verrückt zu machen, dass seine Tochter, nachdem sie erst Melodie, dann Umm Saladîne geworden ist, die Zukünftige eines französischen Mitglieds der Terrororganisation Islamischer Staat ist, der wiederum als die rechte Hand des gefährlichsten Mannes der Welt gilt.
»Und was ist mit der Türkei?«, fragt er mich. Er tut so, als wäre ihm nicht klar, dass ich vorhabe, mich an die Grenze zu begeben. Jetzt weiß ich gar nicht mehr ein noch aus. In meinem Hotelzimmer lege ich auf, nachdem ich meinem Vater versprochen habe, dass ich Dienstag zurück in Frankreich und augenblicklich einfach nur in Holland bin. Ich würde ihn morgen wieder anrufen, er solle sich keine Sorgen machen.

Alles ist bereit. Während ich auf die Rückkehr meiner Reisebegleiter warte, konsultiere ich mein tatsächliches Facebook-Profil auf den Namen »Anna«, um zu sehen, ob Guitone auf meine letzte Mail geantwortet hat. Ja! Eine Sorge weniger! Aber als ich die wenigen Worte lese, ist meine Erleichterung dahin:
»Wenn du ein Interview haben willst, brauchst du nur einen Minztee mit der FSA[1] zu trinken.«
Was ist bloß in ihn gefahren? Oder was habe ich getan,

1 Freie Syrische Armee, erste Oppositionsgruppe gegen das Regime von Baschar al-Assad und einer der Feinde von Daisch

um eine solche Weigerung auszulösen? Gestern noch schrieb er mehrere Mails, in denen er sich für ein gesichertes Interview begeisterte, bei dem ich von einem Fotografen meiner Wahl begleitet sein würde. Um dem eventuellen Risiko einer Entführung zu entgehen, hatte ich ihm gesagt, dass wir einen großen Artikel vorbereiten, für den wir bereits mit Anhängern anderer islamistischer Milizen in Libyen gesprochen hätten. Ich hätte meinen Fotografen mitbringen können, und sie seien sehr freundlich zu uns gewesen. Sie hätten bestens für unsere Sicherheit gesorgt. Der Gedanke dahinter war, dass Guitone und seine Brigade mit diesem Wissen niemals wagen würden, uns in eine Falle zu locken, um nicht in den Augen anderer Organisationen ihrem Image zu schaden. Was schlecht für sie wäre, weil die Geschichte am Ende alle »Bösen« in einen Topf wirft. So wie der Islamische Staat und al-Qaida schließlich begreifen werden, dass es von Vorteil ist, ihre Kräfte in Syrien zu vereinen …

Ich bin völlig durcheinander. Ich habe seit dem Vortag nichts gegessen, mir ist schwindelig. Von meinen Eltern, von Milan und meinen Freunden erreichen mich besorgte, von meinen Kollegen, die informiert sind, ermutigende SMS. Ich werde rot vor Scham. Mir ist heiß. Aber wenn ich die winzigen Fenster öffne, dringt der ohrenbetäubende Lärm in mein Zimmer und in meinen Kopf. Meine Gedanken überschlagen sich, weil die verschiedenen Hypothesen in meinem Kopf derart heftig aufeinanderprallen. Der Tod macht mir keine Angst. Eine mögliche Vergewaltigung wohl. Und nach zahlreichen Zeugenaussagen ist genau das eine der Strafen, die den weiblichen Gefangenen von

Daisch häufig auferlegt wird. Warum erteilt Guitone mir, der Journalistin, deren Identität er vorher über das Internet geprüft, mit der er drei Monate lang korrespondiert hat und über deren Besuch in Kilis er vorher so erfreut war, plötzlich eine Abfuhr? Warum gibt mir der »Pressesprecher«, der sonst immer so »gefällig« war, plötzlich auf verächtliche Weise den Rat, den Feind zu befragen? Was ist los? Ich hoffe, es hat nichts mit Melodie zu tun … Wenn die französische Brigade des IS die Verbindung zwischen ihr und Anna herausgefunden hat, ist alles vorbei. Adieu, Kilis. Bonjour Ungewissheit und Zweifel. Ich schicke ihm eine kurze Nachricht, gebe vor, bereits auf dem Weg zu sein und ihm für vierundzwanzig Stunden zur Verfügung zu stehen. Ich erinnere ihn daran, dass er mir sein Wort gegeben und im Namen Allahs geschworen hat. Guitone hat mir niemals geantwortet.

Ich warte auf die Rückkehr von Charly, um ihm diese wenig erfreulichen Nachrichten mitzuteilen. Und auch damit er mir grünes Licht gibt, Bilel zu kontaktieren. Dieses letzte Gespräch findet also in meinem winzigen Hotelzimmer statt, in dem ich mich seit meiner Ankunft zum ersten Mal richtig umsehe. Das Bett ist riesig. Es gibt weder Sessel noch Stuhl. Ich werde, an die Kopfkissen gelehnt, mit Bilel sprechen müssen. Das Kopfende des Bettes in orangefarbenen Tönen, stellt eine Art abstrakte Rose dar. Das fügt eine kleine kokette orientalische Note hinzu. Ich verstecke alles, was mich verraten könnte, falls Bilel verlangt, dass Melodie ihm das Zimmer zeigt. Charly und Hadrien kommen schweißgebadet zurück. An dem optimalen Ort, den sie ausgemacht und an dem sie gut zwei Stunden verbracht hatten, tauchte plötzlich ein improvisierter, natürlich von Kopf bis Fuß in Orange gekleideter DJ auf, um ein gewaltiges Podest zu errichten. So ein Mist! Sie haben keine Zeit, einen besseren Platz zu finden. Die Stunde des Treffens rückt näher. Doch noch immer gibt es keine eindeutige Zusage von Lola. Schließlich finden wir eine einfache Lösung. Wenn es auch Pech war, das kleinste und noch dazu zur Straße gelegene Zimmer erwischt zu haben, liegt das Fenster doch so günstig, dass Charly seine Aufnahmen von hier aus machen kann. Man muss Lola nur in der Nähe platzieren. Uff! Hadrien, der, um uns zu helfen, seine Verpflichtungen bei der World Press vernachlässigt hat, geht schnell duschen. Endlich gibt mir Charly grünes Licht, auf das ich so ungeduldig gewartet habe.

Amsterdam, Freitag, 18 Uhr

Ich lege meine Melodie-Verkleidung an und sende Bilel via Skype meine neue holländische Nummer. Charly grinst. Die Zigarette im Mundwinkel, beobachtet er mich, wie ich letzte Hand an mein Outfit lege und prüfe, ob ich meinen Fetischring vom rechten Mittelfinger abgezogen habe. Er nennt mich weiter Melodie, obwohl er inzwischen meinen richtigen Vornamen kennt. Er sagt mir, dass ich mit diesem Schleier, der mein Gesicht »erschlägt«, nicht besonders hübsch bin. Ich nehme seine netten Spötteleien hin, die den Druck der Situation entschärfen.Genau dies wird auch seine Absicht gewesen sein.

Jetzt ist es so weit, Bilel meldet sich via Skype … Der Adrenalinspiegel schießt in die Höhe. Morgen sind wir nur noch wenige Meter von Syrien entfernt. Dieser Anruf, von dem ich hoffe, dass es der letzte ist, symbolisiert für mich den ganzen bis dahin zurückgelegten Weg. Endlich findet diese Arbeit ein Ende. Meine einzige Befürchtung im Moment ist, dass Charly mich für verrückt hält, wenn er meinem Gespräch mit dem Terroristen beiwohnt. Ich hoffe, er versteht, dass wir in dieser Geschichte zwei sind – die Journalistin und die virtuelle Marionette. Ich klicke den grünen Knopf an und nehme eine gerade Haltung auf dem Bett ein. Bilel weiß nicht, womit er anfangen soll, er hat Melodie so viel zu sagen.

»Salam alaikum, mein Juwel. Bist du wirklich in Amsterdam? Ich kann kaum glauben, dass du bald hier bist. Ich bin der glücklichste Mann auf der ganzen Welt. Ich liebe dich, meine Frau.«

Ich glaube, noch nie einen so glücklichen Ausdruck auf seinem Gesicht gesehen zu haben. Seine Augen leuchten vor freudiger Erregung. Er strahlt geradezu. Nichts lässt an der Ernsthaftigkeit dieses Gefühls zweifeln. Bilel ist allein in einem Internetcafé. Er hat soeben seinen »Job« beendet.

»Ja, mein Großer, ich bin mit Yasmine hier! Morgen nehmen wir das Flugzeug nach Istanbul. Aber das Pflaster hier ist heiß, wir dürfen nicht auffallen … Gib mir schnell deine Instruktionen …«

Wie immer hört Bilel seiner Melodie nur mit halbem Ohr zu und fährt fort:

»Wie schön du bist! Komm, erzähl von der Reise! Und wie hast du es angestellt, die Flugtickets zu bezahlen?«

»Ganz einfach – mit der Kreditkarte meiner Mutter! Zwei Linienflüge. Wir haben unsere Pässe mitgenommen, und jetzt …«

Ich bemühe mich um ein breites Lächeln, um überzeugend zu wirken. Melodie hat alles zurückgelassen, um zu ihm zu kommen und ihn zu heiraten. Da muss meine Haltung schlüssig sein.

»Du bist wirklich gewieft, meine Frau! Ich bin richtig

stolz. Ihr seid zwei echte Löwinnen, deine Freundin und du! Und wenn du die Kreditkarte immer noch bei dir hast, dann kauf mir etwas!«

»Was möchtest du denn haben?«

»Ach, du weißt schon, Liebling …«

Bei ihm, der unvermittelt von Berichten über Feinde, die er »mit Freuden« köpft, zu plumper Anmache übergeht, weiß ich wirklich nicht. »Eine Waffe? Cash? Bonbons?«

»Nein … Na ja … Ein Parfum! Aber ein gutes, vor allem eine bekannte Marke! Ich lasse dich wählen …«

Ich bin fassungslos. Er legt Parfum auf, bevor er kaltblütig tötet? In Afghanistan parfümiert man die Toten, bevor man sie in weißen Laken beerdigt. Bilel hatte seine Laufbahn in diesem Land vor einigen Jahren begonnen …

»Eine große Marke … An welche hast du gedacht?«

»Mir gefällt *Égoiste* von Chanel oder ein teures von Dior. Aber ich lasse dich wählen … Maschallah.«

»Sonst noch etwas?«

»Einfach eine Überraschung …«

»Okay, mein Großer … Können wir morgen weitersprechen? Yasmine ist ein wenig gestresst. Es wird sie beruhigen zu erfahren, was genau geschieht, wenn die Mutter uns abholt …«

»Ja, das stimmt … Ich erklär's dir. Wenn ihr in Istanbul ankommt, kaufst du ein neues Handy. Du wirfst das aus Amsterdam weg. Du musst auf alle Fälle bar bezahlen, nicht mit der Karte deiner Mutter! Die Bullen dürfen euch nicht zurückverfolgen können!«

»Okay. Und wo erwartet uns die Mutter dann?«

»Nein, dort erwartet euch niemand … Du kaufst zwei

neue Flugtickets. Das Land mit dem Auto zu durchqueren, würde viel zu lange dauern.«

»Wie das? Es wird niemand bei unserer Ankunft da sein? Du hattest es mir versprochen!«

»Nein, das ist schon in Ordnung. Du bist doch ein großes Mädchen, oder? Dutzende von Europäerinnen machen das wöchentlich, nur um sich unseren Milizen anzuschließen. Nun komm schon, meine Löwin!«

In diesem Augenblick fällt es nicht schwer, in Melodies Stimme Angst mitschwingen zu lassen.

»Aber du hattest mir das ganz anders geschildert, Bilel … Wir haben mehrfach darüber gesprochen … Du hast darauf bestanden, und ich auch, dass eine Frau sich unserer annimmt. Du hast mir von dieser Mutter erzählt, mit der wir in Sicherheit wären. Wie oft hast du mir gesagt: ›Nichts ist wichtiger als dein Schutz.‹«

Sein Ton wird etwas schärfer.

»Hör zu. Du hältst jetzt zwei Minuten den Mund und lässt mich reden. Du hast so gut wie gar nichts zu tun. Sobald du am Airport von Istanbul bist, kaufst du zwei Tickets nach Urfa. Die kosten fast nichts, so um die fünfzig Euro das Stück. Du nimmst nur One-Way-Tickets. Du zahlst sie in bar, verstanden? Sonst gebe ich es dir, das ist kein Problem. Du ziehst so viel Bargeld, wie du jetzt brauchst, und danach wirfst du die Kreditkarte und das holländische Handy weg.«

Urfa? Dorthin zu fliegen kommt einem Selbstmord gleich! Die türkische Stadt liegt etwa gleich weit von der syrischen Grenze entfernt wie Kilis. Nur mit dem kleinen Unterschied, dass sie vollständig vom IS kontrolliert wird! Dort befindet man sich gleichsam in Syrien … Das ist der Ort, wo Guitone und seine Bande sich – Kalaschnikow über der Schulter, Granaten am Gürtel – den Wanst mit Kebab vollschlagen. Das Kartenhaus fällt mit jeder Stunde immer mehr in sich zusammen. Ich gerate in Panik. Bei dem Ganzen habe ich die Aufnahmen von Charly vergessen, der sich wie eine Katze um mein Bett herum bewegt. Ich werfe ihm einen raschen Blick zu. Er gibt mir stumm zu verstehen, dass die Dinge eine schlechte Wendung nehmen. Ich bekomme es mit der Angst zu tun. Wegen meiner Reportage, aber auch wegen Charly, der angesichts von Bilels Worten völlig verblüfft scheint. Einen Knoten im Magen improvisiere ich. Melodie sagt, sie habe kein Vertrauen mehr, und erzählt, Yasmine würde heulen. Ich schiebe alles auf die verängstigte Minderjährige.

»Für mich ist das ja kein Problem, aber Yasmine ist total eingeschüchtert. Sie ist erst fünfzehn … Ich will nicht, dass ihre Ängste unsere Pläne gefährden. Ich habe dir gesagt, dass hier alles super überwacht ist. Ich habe es ganz allein bis hierher geschafft, obwohl du mir immer deine Hilfe versprochen hast. Und jetzt bitte ich dich darum …«

Sein Ton wird noch etwas schärfer. Sein Gesichtsausdruck ist alles andere als strahlend. Man könnte meinen, er macht Melodie Vorwürfe.

»Hörst du jetzt auf mit deinem Blödsinn? Gib mir Yasmine, ich rede mit ihr, und alles wird sich regeln!«

»Nein, ich regle das schon. Sie ist meine Freundin, lass mich sie trösten.«

»Ich sage, du sollst sie mir geben! Umm Saladîne!«

»Ja, gleich … Lass mir ein wenig Zeit, sie weint auf dem Flur vor unserem Zimmer. Ich unterhalte mich lieber allein mit ihr. Ich finde es nicht richtig, dass du so hart mit mir bist. Das Einzige, was ich von dir verlange, ist, dass du einhältst, was du mir seit fast einem Monat versprichst. Du sagst, ich könne auf dich zählen … Aber bei der ersten Schwierigkeit lässt du mich im Stich … Na toll!«

»Was ist denn das für ein Ton! Für wen hältst du dich? Nicht du, sondern ich erteile hier die Befehle! Hast du das verstanden? Los, zeig mir ein wenig dein Zimmer …«

Panik total. Was tun in diesem winzigen Hotelzimmer? Seit Anfang dieses Gesprächs, das jetzt schon eine Weile andauert, bewegt sich Charly so diskret wie möglich im Raum. Er schießt Fotos mit seiner Leica wie ein Phantom, das es gewohnt ist, unsichtbar zu sein. Wir haben keine Möglichkeit, miteinander zu reden. Nicht einmal uns durch Blicke zu verständigen. Jetzt gerade geht er auf die Knie und kriecht um das Bett herum, während ich das Zimmer mit der Webcam erfasse.

Bilel ist nervös. Er scheint immer wütender zu werden und befiehlt mir immer wieder, ihm das Zimmer zu zeigen. Dann ergreift er mit einem überheblichen und drohenden Ausdruck, den ich an ihm nicht kenne, erneut das Wort. Melodie muss die Situation mit sanften und entschuldigenden Worten retten.

»Wo bist du genau?«

»Aber, mein Großer, das habe ich dir doch schon gesagt. Ich bin in Amsterdam. Du hast gesehen, dass ich nicht lüge! Die Kamera hat dir das Zimmer gezeigt! Du hast meinen Koffer gesehen! Willst du auch noch aus dem Fenster schauen?«

Wie immer hört der Terrorist Melodie gar nicht zu.

»Ich will mit Yasmine reden! Egal ob sie heult oder nicht!«
»Bilel, beruhige dich … Willst du mein Flugticket sehen?«
Ich greife nach meinem Ticket in meinem Pass und bete, dass er nicht darum bittet, beide zu sehen. Schon was Yasmine betrifft, sehe ich nicht, wie wir uns aus der Affäre ziehen können … Das plus Guitone, der mich mittendrin fallenlässt … Und noch immer keine Nachrichten von Lola …
Das Projekt ist gefährdet. Ich habe Charly und meine Redaktion in dieses sinkende Schiff gezogen. Heute Morgen habe ich Charly schnell die Videos von unseren Cyber-Gesprächen gezeigt. Er sah darin einen verliebten und potenziell gefährlichen Mann. Und er fand die schmachtenden Blicke, die er Melodie zuwarf, sowie seine plumpe Anmache einfach irre. »Wie erbärmlich«, sagte er. »Und das alles im Namen einer Religion, die sie beschmutzen …«
Und plötzlich lässt Bilel die Maske fallen. Die Stimme kippt, wird autoritär. Der Blick wird finster. Er stößt Drohungen aus. Und zum ersten Mal nehme ich, die ich »verborgen war wie ein kostbares Juwel«, verschiedene Männerstimmen wahr, die auch unruhig werden. Ich habe ihn noch nie so gesehen. Misstrauisch. Auf der Hut. Bilel ist nicht wiederzuerkennen. Sein Gesichtsausdruck erschreckend.
»Holst du mir jetzt Yasmine, ja oder nein? Ich rate dir eines: Hör auf, mich für dumm zu verkaufen, und halt den Mund. Ich gehöre einer Terrororganisation an! Weißt du überhaupt, mit wem du so zu sprechen wagst? Ich befehlige hier über hundert Soldaten am Tag! Ich

habe dir absichtlich nur einen Teil erzählt … Ich bin international zur Fahndung ausgeschrieben. Deshalb kann ich mich nicht einmal in unsere Städte in der Türkei[1] begeben. Nur in den Irak kann ich reisen. Ich bin achtunddreißig Jahre alt, meine Kleine, und werde mich nicht von dir und deiner Freundin zu Fall bringen lassen. Du weißt nicht, wer ich bin. Nimm dich in Acht.«

Er untermalt seine Worte mit einem sadistischen Lachen. Ich habe ihm die Stirn geboten und ein wenig die Stimme erhoben. Das gefällt Bilel gar nicht. Im fügsamsten Tonfall antwortet Melodie:

»Ich würde es mir niemals erlauben, dich zum Narren zu halten. Und ich bin traurig, dass du denkst, ich sei von zu Hause ausgerissen und in ein anderes Land gereist mit dem Ziel, dich zu Fall zu bringen. Ich weiß gar nicht, was ich sagen soll. Am liebsten möchte ich weinen. Das tue ich auch gleich. Ich besorge mir die Flugtickets nach Urfa und gehorche dir aufs Wort. Versprochen.«

»Deine Schwäche enttäuscht mich sehr … Ich glaubte, eine stärkere Frau ausgewählt zu haben. Hol mir jetzt Yasmine, ich fresse sie schon nicht.«

Die Dunkelheit ist hereingebrochen, und ich weiß nicht, wie ich so mir nichts, dir nichts ein junges Mädchen finden und bitten soll, mit einigen Sätzen eine zögerliche Dschihadistin zu improvisieren. Charly ist zwar ein schöner Mann, doch eine Perücke würde uns auch nicht weiterhelfen. Ich kann nichts anderes tun, als Bilel weiter zu beruhigen, indem Melodie sich in

---

1 Diejenigen, die in den Händen des IS sind

einem fort entschuldigt. Ganz behutsam gelingt es ihr, das Vertrauen des Mörders zurückzugewinnen.

»Du hättest sie einfach nicht mitnehmen dürfen, wenn sie nicht in der Lage ist, zwei Flugzeuge zu nehmen.« Er seufzt. »Dann schick sie zum Teufel, verdammt. Soll sie doch zurückfliegen! Ich kann auf sie verzichten. Los, lass sie hängen!«

»Ich lasse keine Schwester fallen. Aber mach dir keine Sorgen. Ich habe deine Anweisungen verstanden. Ich werde sie beruhigen, und morgen sind wir in Urfa …«

»Ah, jetzt erkenne ich dich wieder, meine Frau … Gut, ich teile dir den genauen Ablauf mit, denn in Urfa wirst du in guten Händen sein, glaube mir. Ich rufe in zehn Minuten wieder an. Bis dahin habe ich deine Ankunft organisiert.«

Freitag, 21 Uhr

Ich reiße den Hidschab herunter und springe auf. Die Hände vors Gesicht geschlagen, laufe ich in dem kleinen Zimmerchen auf und ab. Alles scheint zusammenzubrechen. Ich hoffe inständig, dass ich Bilel beruhigen konnte, denn sonst würde ein großer Teil unserer Reportage wegfallen. Lola hat mich versetzt, Guitone stellt mir eine Falle, und Bilel erwartet mich in einer der gefährlichsten Städte der Welt. Charly sagt nichts. Ich vermute aus Feingefühl. Er geduldet sich, bis ich das lastende Schweigen breche. Ich drehe mich zu ihm um und bemerke nur:

»Scheint nicht besonders gut zu laufen, was?«

Charly nickt, dann legt er los, als hätte er die ganze Zeit nur darauf gewartet:

»Also, dass du bei der Geschichte nicht schizophren geworden bist! Ich habe ja schon vieles im Leben gesehen, aber so was … Ich kann dir versichern, du bist wirklich verdammt beherrscht, mein Liebe. Was für ein Irrer, dieser Bilel! Er faselt von Parfum und überschüttet dich mit Liebeserklärungen, und gleich danach

bedroht er dich, weil du nicht bereit bist, deine minderjährige Freundin im Stich zu lassen.«
Na also. Er hat die Reportage begriffen. Charly hat schon Schlimmeres gehört und gesehen, aber jetzt scheint er doch etwas aus der Fassung gebracht. Lange Minuten, die uns endlos erscheinen, warten wir darauf, dass sich der Terrorist wieder meldet, und stellen uns alle möglichen Szenarien vor. Zunächst: Wird er überhaupt wieder anrufen? Auch wenn wir unsere Enttäuschung nicht zugeben wollen, macht uns diese Möglichkeit doch betroffen. Wir sind beide Freiberufler und würden gerne das abliefern, was wir versprochen haben. Seit heute Morgen bricht unser Konstrukt zusammen wie ein Kartenhaus. Offenbar bewahrheitet sich mein schlechtes Vorgefühl.
Zwanzig Minuten später ertönt der Skype-Klingelton. In dem Moment, als Charly und ich schon fast die Hoffnung aufgeben haben. Wir halten den Atem an, denn wir wissen nicht, ob dieser Anruf zu etwas führen oder alles beenden wird. Ich stehe am Fenster, rauche und telefoniere mit meiner Chefredakteurin, die vom Herausgeber der Zeitung den Auftrag bekommen hat, die Geschehnisse an diesem Wochenende genau zu überwachen. Ich habe ihr den Stand der Dinge erklärt und dann abrupt aufgelegt. Jetzt stürze ich zu meinem Bett, wobei ich beinahe Charly angerempelt hätte. In letzter Sekunde nehme ich das Gespräch an. Bilel erscheint auf dem Bildschirm. Sein Gesichtsausdruck ist wieder ruhig. Ja, er lächelt sogar. Doch plötzlich reißt er verwundert die Augen auf. In der Eile habe ich vergessen, meinen Schleier anzulegen … Wie blöd! Glücklicherweise ist das Zimmer dunkel, und ich habe

mein Haar zu einem Pferdeschwanz zusammengebunden. Entzückt fragt Bilel:
»Hast du deinen Schleier abgenommen?«
»Ja, nur ganz kurz, weil ich mir unten eine Fanta geholt habe. Ich habe dir ja gesagt, ich bin vorsichtig, ich will keinen Verdacht erregen. Ich bin gerade zurückgekommen, als du angerufen hast. Fast hätte ich dich verpasst … Warte, ich setze ihn wieder auf …«
Bilels Augen glänzen. Er unterbricht Melodie sofort:
»Nein, bloß nicht! Wenn du mit Yasmine alleine bist, stört mich das nicht. Maschallah, was für schöne Kinder wir haben werden – bei diesen Eltern …«
Typisch Bilel, ganz und gar nicht eingebildet. Während ich ihn anlächele, werfe ich Charly heimlich einen entnervten Blick zu. Der verdreht die Augen.
»Yasmine geht es auf alle Fälle besser. Ich habe sie wegen morgen überzeugen können. Jetzt ist sie gerade nach unten gegangen. Also, was sollen wir tun?«
Eine Weile, die mir unendlich lang erscheint, verstreicht, ehe er antwortet. Er mustert mein Gesicht und beißt sich auf die Lippe. Dann lehnt er sich ein wenig zurück, wie um seine Zukünftige besser betrachten zu können.
»Wir müssen auch über unsere Hochzeitsnacht sprechen …«
»Wenn wir zusammen sind … Das ist zu intim …«
»Okay … Aber ich hoffe, du hast dir für diesen speziellen Tag die passende Wäsche besorgt … Erinnere dich, ich habe dir erklärt, dass du dir mit deinem Mann alles erlauben darfst …«
»Wir werden sehen … Das ist mir peinlich, Bilel.«
»Ich verstehe … Morgen Abend sind wir sowieso

zusammen … Nicht einmal mehr vierundzwanzig Stunden trennen uns, mein Liebling …«

»Eben … Und was muss ich in dieser Zeit, die mir so lang vorkommen wird, tun?«

»Es gibt ein Problem, denn dort, wo ich mich gerade aufhalte, ist das Telefonnetz sehr schlecht. Also rufst du mit deinem neuen Handy die Nummer an, die ich dir jetzt gebe. Du musst dich als die Frau von Abu Bilel al-Firansi vorstellen und sagen, dass du auf Empfehlung von Abu Omar Tunsi aus Syrien anrufst. Dann gibst du ihm deine Flugnummer und die Ankunftszeit am Flughafen von Urfa durch.«

»Okay, und mit wem spreche ich?«

»Das spielt keine Rolle! Hier ist die syrische Nummer, ruf sofort an, ich warte.«

Er liest mir die acht Zahlen vor, dann beobachtet er mich via Skype. Ich wähle. Ein Mann fragt mich auf Französisch, wer am Apparat sei. Melodie wiederholt genau, was Bilel ihr gesagt hat. Der Mann am anderen Ende der Leitung bestätigt mir, dass wir morgen einen Inlandsflug von Istanbul nach Urfa nehmen müssen, »weil die Straßen im Moment zu stark überwacht werden«, vor allem wenn ich mit einer Minderjährigen unterwegs bin. Melodie nickt. Er fragt sie, ob sie Geld für die Tickets brauche. Sie antwortet ihm, dass sie genug habe. Er erklärt ihr sehr freundlich, dass ihre Freundin und sie ihn von jetzt an und bis sie die Grenze erreicht haben, ihn »zu jeder Tages- und Nachtzeit anrufen können«. Melodie bedankt sich, beendet das Gespräch und wendet sich wieder dem Bildschirm zu.
Bilel ergreift sofort das Wort:

»Hast du richtig aufgelegt?«

»Ja, Bilel.«
»Okay. Bravo, gut gemacht. Du hast meine Anweisungen befolgt. Maschallah. Später musst du dann noch einmal mit ihm telefonieren, um ihm die Flugnummer und die Ankunftszeit in Urfa durchzugeben. Aber jetzt rufst du erst noch eine andere Nummer an. Die des Typen, der sich an der Grenze um die Sicherheit der Schwestern kümmert. Du sagst ihm, dass du meine Frau bist, dann wirst du behandelt wie eine Prinzessin.«
»Bist du denn nicht da?«
»Nein, ich habe dir doch gesagt, dass ich nicht in die Türkei einreisen kann … Aber ich bin nur wenige Meter entfernt, meine Frau. Mach dir keine Sorgen, und anschließend lasse ich dich nicht mehr los!«
Na super! In diesem Augenblick bemerke ich, dass ich auf meinem holländischen Prepaidhandy fast keine Einheiten mehr habe, obwohl ich das höchstmögliche Guthaben für Auslandsgespräche gekauft habe. Natürlich habe ich Melodies altes Handy nicht weggeworfen, aber auch das wird nicht lange halten. Wenn man mit einem französischen Handy von Holland aus nach Syrien telefoniert, ist das Guthaben schnell aufgebraucht.
»Also, sag mir, was ich jetzt tun soll.«
Bilel gibt mir eine andere syrische Nummer, doch es hebt niemand ab. Macht nichts, der Söldner hat eine neue Lösung parat. Ich soll jemand anderen anrufen, der garantiert antwortet. Aber er spricht nur Arabisch. Bilel fragt Melodie, ob sie sich das Gespräch zutraue … Sie antwortet, bei einer einfachen Unterhaltung könne sie radebrechen, aber diese Aufgabe sei zu schwierig.

Immer noch kein Problem: Melodie soll die Nummer wählen und das Handy auf Mithören stellen. So kann Bilel via Skype direkt auf Arabisch mit dem Kontaktmann reden. Noch vor einer Stunde hat er ihr gedroht und gesagt, sie solle »die Schnauze halten«. Und jetzt liefert er ihr mir nichts, dir nichts Informationen, die nicht nur wertvoll, sondern auch rechtlich verwertbar sind … Hinweise, die seiner Organisation schaden könnten.

Nachdem Melodie einer Gehirnwäsche unterzogen wurde, die bis zur Namensänderung reicht, wird sie jetzt von ihrem Hotelzimmer in Amsterdam aus zur »Vermittlungszentrale«. Was ich erlebe, ist natürlich nicht mit den Erfahrungen eines Kriegsberichterstatters vergleichbar, aber die Situation ist doch schwindelerregend. Da Melodie jedoch keine andere Wahl hat, gehorcht sie. Aber sie kann den Anruf nicht tätigen, da sie kein Guthaben mehr auf ihrer Karte hat. Es ist schon spät, die Geschäfte sind geschlossen. Und es ist beim besten Willen nicht möglich, ein Handy zu finden, das niemanden gefährden würde. Bleibt nur mein persönliches, das mir von Anfang an dazu dient, die Gespräche aufzunehmen. Aber wenn die Sache schiefgeht, gefährde ich mich dadurch noch mehr. Meine Nummer steht zwar nicht im Telefonbuch, doch wenn man gute Kontakte hat, ist es ein Kinderspiel, die Nummer und den Besitzer des Handys ausfindig zu machen. Und der IS hat ausgezeichnete Kontakte … Unter normalen Umständen hätte ich die Geschichte an diesem Punkt beendet. Ich bin kein Draufgängerin, sondern eher auf Sicherheit bedacht. Aber in diesem Augenblick steht meine Reportage kurz vor dem Abschluss –

dazu fehlt mir nur ein Handy. Was soll's, ich werde meine Rufnummer, die ich seit meinem sechzehnten Lebensjahr habe, bei meiner Rückkehr nach Frankreich ändern und den Anbieter wechseln. Ich habe heute schon zu viele Reinfälle erlebt …

Also greife ich nach meinem Handy und verbinde die beiden Männer miteinander. Das Gespräch dauert etwa drei Minuten. Und auch wenn Bilel Melodie währenddessen nicht aus den Augen lässt, können Charly und ich endlich Blickkontakt aufnehmen. Ohne Worte fragt er mich, ob es mir gutgeht, und ich bedeute ihm, dass alles okay ist. Später übersetzt mir eine Freundin in der Redaktion, die fließend Arabisch spricht, das Telefonat. Unter anderem hört sie, dass Bilel betont, die Schwester besitze einen französischen Pass. Nachdem das Gespräch beendet ist, kümmert sich Bilel ganz um seine Frau.

In diesem Augenblick klopft Hadrien an die Tür. Der Ärmste ist seit heute Morgen unterwegs, jetzt ist es fast zehn Uhr abends, und er würde gerne Schluss machen. Charly öffnet ihm so leise wie möglich und bedeutet ihm, still zu sein. Und noch dazu entdeckt er jetzt Melodie … Hadrien hat zwar schon Fotos von mir in meiner Verkleidung gesehen, aber wie auch bei Lou in Tunesien ist es etwas anderes, die Szene mit eigenen Augen und Ohren zu verfolgen. Inzwischen habe ich meinen Schleier wieder angelegt. Hadriens wichtigster Wesenszug ist seine Anpassungsfähigkeit. Er lehnt sich an die Wand und zündet sich, ohne mich anzusehen, eine Zigarette an. Umso besser, wenn er Melodie nicht zu viel Aufmerksamkeit widmet. Er weiß nichts von dem, was vorher passiert ist, vor allem nichts von Bilels

Wutausbruch. Ein paar Tage später wird er mir gestehen, dass er mich nicht angeschaut hat, weil es ihm peinlich war. In diesem Augenblick, in dem ich Melodie bin, erwachen plötzlich all seine Ängste um mich. Der Krieger hat bekommen, was er wollte, und ist wieder friedlich. Er überhäuft Melodie mit zärtlichen Worten und bekräftigt in einem fort, wie sehr er den nächsten Tag herbeisehne. Vor allem müsse seine Frau ihn unbedingt anrufen, sobald sie in Istanbul lande. Denn trotz allem sei er ja für ihre Sicherheit verantwortlich. Ich halte es nicht mehr aus und habe nur noch den Wunsch, das Gespräch zu beenden. Wir ersticken zu dritt in diesem kaum zehn Quadratmeter großen Zimmer und haben nicht einmal eine Flasche Wasser. Und noch immer kann man wegen des Lärms kein Fenster öffnen.

Melodie will die Unterhaltung abbrechen, doch Bilel fährt fort:

»Hast du auch nicht vergessen, um was ich dich gebeten habe? Du weißt schon, die Baumwollunterhosen. Hier ist alles aus kratzigem Stoff.«

Daran habe ich natürlich nicht mehr gedacht. Diese Art Bitten gehören zu den Nebensächlichkeiten, die mir auf die Nerven gehen. Also beachte ich sie nicht weiter.

»Ja, ja, natürlich!«

»Du hast Größe L genommen, ja, mein Liebling?«

»Ja …«

»Und du hast auch die Cheches für den Kadi, der uns verheiraten wird?«

»Ja, habe ich …«

»Na gut, und vergiss nicht, die Karte deiner Mutter zu

zerschneiden, aber vorher musst du Bargeld ziehen … Und bring mir Überraschungen mit! Ich kann es gar nicht glauben, dass du morgen endlich da bist …«

»Ja, ja …«

»Und verhalt dich diskret, ja? Meine Löwin!«

»Ja …«

»Freust du dich?«

»Natürlich!«

»Hast du Angst?«

»Du hast mir gesagt, ich soll keine haben, also habe ich auch keine.«

»Aber vor unserer Hochzeitsnacht schon, oder?«

»Darüber reden wir morgen …«

»O ja … Lass alles hinter dir, außer den paar Kleidungsstücken und den intimen Frauensachen. Alles andere bekommen wir hier. Dessous ausgenommen, also kümmere dich darum …«

»Okay. Auch den Computer? Ich habe den von meiner Mutter geklaut.«

»Ja, auch den.«

Dann überlegt er es sich anders:

»Was ist das für eine Marke?«

»Ein ziemlich neuer Mac.«

»Dann nimm ihn mit. Aber du musst alles, was mit deinem alten Leben zu tun hat, bis morgen früh gelöscht haben! Und werde nicht schwach! Schick niemandem eine Nachricht! Umm Saladîne, jetzt trennt uns nichts mehr … Und pass gut auf Yasmine auf.«

»Okay, bis morgen, Bilel.«

»Ich bin der glücklichste Mann der Welt … Jetzt gehörst du mir.«

Melodie schenkt ihm ein Lächeln. Ich denke, es ist seit

Beginn dieser Geschichte das am wenigsten überzeugende. Ich bin am Ende meiner Kräfte. Fertig mit diesem Irren, mit diesem Monat, mit diesem Tag. Endlich bricht sie die Verbindung ab. Ich stoße den tiefsten Seufzer meines Lebens aus. Ich fühle mich wie eine Seiltänzerin. Mir ist voll bewusst, dass ich nicht Melodie geworden bin, wohl aber eine Akrobatin ohne Netz und doppelten Boden, die Angst vor dem Sturz in die Tiefe hat.

Freitag, 22 Uhr

Charly und ich sind ziemlich erledigt. Hadrien führt uns in ein Restaurant. Mir bleiben nur wenige Minuten Zeit, um mich wieder in den Griff zu bekommen und zu meiner wahren Identität zurückzufinden. Ich ziehe mich um und mache mein Haar auf. Das Lokal, das Hadrien an einem der Kanäle gefunden hat, ist sehr angenehm. Wir essen schnell eine Kleinigkeit, und ich spüre, wie ich mich entspanne.

Mir gegenüber sitzt Charly, den ich gestern noch nicht kannte, für den ich jedoch sofort aufrichtige Freundschaft empfunden habe. Langsam schöpfe ich wieder Vertrauen. Hunger hingegen habe ich keinen. Bilel hat mich zwar nicht entlarvt, aber alles ist schiefgelaufen. Wir wissen noch immer nicht, ob wir morgen nach Kilis reisen. Doch ich ahne schon, dass es nicht klappen wird … Auf dem Weg habe ich die Chefredakteurin über den Stand der Dinge informiert. Verärgert habe ich ihr unsere verzweifelte Lage erklärt: Wir haben die Wahl, nach Urfa zu fliegen – was weder für uns beide noch für die Redaktion in Frage kommt –

oder aber nach Kilis, wo sich Guitone aufhält, der mir nicht wohlgesinnt scheint. Wir müssen uns also entscheiden zwischen Urfa, wo wir sicher gekidnappt werden, und Kilis, wo uns wahrscheinlich dasselbe Schicksal erwartet … Die Chefredakteurin antwortet mir freundlich, dass wir in dieser angespannten internationalen Lage kein solches Risiko eingehen dürfen, nur um in meiner Reportage auch noch über das Leben in Kilis zu berichten. Die Recherchen wären auch so sehr umfassend und mehr als ausreichend. Morgen früh wollen wir das weitere Vorgehen absprechen. Vorsichtshalber erinnert sie mich noch einmal daran, dass Edouard Elias und Didier François, zwei Journalisten des Senders Europe 1, gerade erst nach zehnmonatiger Gefangenschaft von Daisch freigelassen wurden … Neben dem bitteren Gefühl, gescheitert zu sein, tut es mir auch für Melodie leid. Sie hätte einen würdigeren Abgang verdient.

Meine beiden Freunde versuchen, mich aufzumuntern. Schnell kommen wir auf Persönliches zu sprechen. Wie müssen alle drei Druck ablassen, und Charly gibt ein paar Anekdoten aus seinem Leben zum Besten. Bei manchen könnte man Tränen lachen, bei anderen einfach nur weinen. Ich sage nicht viel, aber ich trinke Wein. Doch ich vertrage keinen Alkohol. Nach drei Gläsern werde ich zur Karikatur derer, für die sich alle schämen. Ich bin völlig zügellos und rede laut. Ich stelle mich und manchmal auch die anderen zur Schau. Kurz, in diesem Zustand bin ich eine wahre Last. Ich trinke nur selten Alkohol, weil ich weiß, welche Auswirkungen das hat. Doch nun kenne ich keine Grenzen. Es will mir nicht gelingen, den Gedanken an die morgige ungewisse Reise zu verdrängen. Wir haben nur noch wenig Zeit. Heute ist Freitag. Am Montag muss ich fertig sein. Und die ganze Schreibarbeit liegt noch vor mir – einen Monat Recherchen in einem einzigen Artikel zusammenfassen … Ich bin gestresst. Ich trinke. Ich verliere den Boden unter den Füßen. Hadrien bemerkt das sofort. Er besteht darauf, dass ich, und sei es auch nur für eine Stunde, den Galaabend von World Press besuche, zu dem ich nicht gehen wollte. Doch er glaubt, mich so vor dem Schlafengehen auf andere Gedanken bringen zu können. Eigentlich vermische ich nicht gerne Arbeit und Vergnügen. Ich bin konfus, mir ist schwindelig, und ich habe kaum etwas gegessen. Doch der Bordeaux trifft die Entscheidung für mich. Und so befinde ich mich plötzlich wie durch Zauberhand inmitten von zweihundert geladenen Gästen wieder, die euphorisch feiern. Ich treffe Leute, die ich gut kenne, und entspanne mich beim Tanzen und Trinken immer mehr. Langsam verschwimmt mir schon alles vor den Augen, doch ich habe noch den Reflex, auf die Uhr zu sehen: zwei Uhr nachts. Ich muss ins Bett. Ich sage nur Charly und Hadrien Bescheid und gehe. »Wir treffen uns an der Garderobe«, erwidern sie mir.

Ab diesem Moment setzt meine Erinnerung aus. Ich weiß nicht genau, was ich getan habe, um den Wachmann des Abends zu erzürnen, wohl aber, dass er mich plötzlich festhält und ich anscheinend als Antwort versuche, auf diesen Riesen, der doppelt so groß und breit ist wie ich selbst, einzuschlagen … Hadrien und Charly, die Freunde und alle anderen fangen an zu schreien. Der Gorilla versetzt mir eine Ohrfeige. Und das Einzige, woran ich mich erinnere, ist, das ich plötzlich rot sehe. Ich ziele mit einem Fußtritt auf seinen Schritt. Hadrien versucht, mich wegzuziehen. Ich glaube, er flüstert mir zu: »Hör auf, das ist der Stress … Komm mit ins Hotel, alles ist gut …« Dann laufen mehrere Leute auf mich zu, unter anderem auch der Organisator des Abends. Man entschuldigt sich, aber ich glaube, ich habe auch übertrieben. Ich suche Hadrien, sehe ihn jedoch nicht. Charly führt mich zu einem Taxi. Der Heimweg scheint mir unendlich lang. Ich weiß noch immer nicht, wo Hadrien ist – und auch nicht, ob ich Charly danach gefragt habe.

Samstagmorgen

Beim Aufwachen fühle ich mich hundeelend. Zu viel Alkohol und nur eine vage Erinnerung ... Langsam fallen mir wieder Bruchstücke vom Ende des Abends ein. Dann denke ich an das Gespräch mit Bilel. Nicht nur mein Kopf schmerzt, sondern auch der Arm und vor allem die Schulter.

Es ist neun Uhr. Ich rufe Charly an. Er sagt mir, dass er gerade Hadrien zum Flughafen begleitet hat. Ich dusche und treffe mich vor dem Hotel mit ihm. Wir sind beide nicht sehr frisch und laufen ein Stück, bis wir ein etwas ruhigeres Café finden – in den meisten wird noch immer dieselbe ohrenbetäubende Musik gespielt wie am Vortag. Ehe wir über den letzten Abend reden, rufen wir die Chefredakteurin an. Sie hat sich mit dem Herausgeber der Zeitung und seinem Stellvertreter beraten, und sie sind alle drei derselben Meinung: Charly und ich sollen sofort nach Frankreich zurückkehren. Rums, der Schlag sitzt! Ein erneuter Schlag. Sie erklärt mir, wir würden über genügend Stoff verfügen. Die Ergebnisse der Recherchen wären ganz unglaublich, und der Rest wäre nur noch ein »Plus«, auf das wir auch verzichten könnten. Ich weiß, dass sie zufrieden mit uns ist. Aber ich weiß auch, dass sie uns beruhigen will, denn sie hat selbst sehr lange als Reporterin gearbeitet und versteht unsere Gefühle. Ich schicke auch eine SMS an meine Eltern: Sie müssen sich keine Sorgen mehr machen, heute Abend schlafe ich in Paris. Ich habe generell ein schlechtes Gewissen, vor allem aber gegenüber Charly. Er hat sich über die paar Tage Arbeit gefreut, und nun hat er den Eindruck, nichts getan zu haben. Auch wenn ich ihm immer wieder versichere, es sei meine Schuld und eine Verkettung unglücklicher Umstände – Guitone, Lola, Bilels Lüge … – es hilft nichts, er ist enttäuscht von sich selbst. Und ich von mir. Das bringt uns auch nicht weiter. Innerlich schimpfe ich auf Hadrien, weil er, der sonst so zuverlässig ist, mich gestern Abend im Stich gelassen hat. Vorsichtig erkundige ich mich bei Charly. Er erklärt mir, Hadrien sei heute Morgen wie gerädert gewesen und mache sich Sorgen um uns. Wie, gerädert? Warum?

»Erinnerst du dich denn nicht? Als du gestern Abend versucht hast, den wutentbrannten Wachmann zu schlagen, ist Hadrien dazwischengegangen. Und … er hat die Prügel kassiert.«

Damit gibt mir Charly den Rest. Ich versuche, mich zu beherrschen, doch Tränen der Scham steigen mir in die Augen. Am liebsten würde ich mich in einem Mauseloch verkriechen – ein kleines, namenloses Mäuschen, das niemand kennt.

Wir annullieren telefonisch zum x-ten Mal unseren Flug. Die junge Frau, die sich um unsere Reise küm-

mert, rauft sich die Haare. Ständig habe ich, der Entwicklung der Dinge entsprechend, unsere Reservierungen und Zwischenlandungen geändert, rückgängig gemacht … Und jetzt bitte ich sie höflich, alles zu stornieren und uns zwei Flüge für die nächste Maschine nach Orly zu buchen. Das heißt eine Reise von fünfundvierzig Minuten statt wie geplant fünf Stunden.
Auf dem Weg zum Flughafen beglückwünschen uns einige unserer Vorgesetzten per SMS. Wir haben beide den Eindruck, nichts mit nach Hause zu bringen, und fühlen uns wie Hochstapler. Zur gleichen Zeit schickt mir Hadrien eine sehr liebevolle Nachricht aus Paris. Er weiß noch nicht, dass auch wir nach Frankreich zurückkehren. Und er spielt nicht im Geringsten auf den letzten Abend an. Er schreibt nur, dass ihm gestern, als er mich in meinem Melodie-Kostüm gesehen hat, klargeworden sei, dass ich an die Grenze fahre und dass wir uns unbedingt im Guten trennen müssten. Unsere Freundschaft sei dafür zu wertvoll. Und das Leben noch wertvoller.
Wir müssen eine gute Weile warten, bevor wir an Bord gehen können. Charly sieht sich auf meinem Laptop Videos von französischen Kämpfern des IS an. Er weiß genau, was zum Beispiel in Syrien vor sich geht. Doch die Cyber-Propaganda, die Ursprung unserer Reportage ist, entdeckt er erst jetzt. Er ist sprachlos. So wie ich am Anfang schwankt er zwischen Lachen und Betroffenheit. Ich gehe unterdessen eine Zigarette rauchen – diese Videos kenne ich in- und auswendig. Von der Raucherzone aus rufe ich meinen Vater an. Jetzt, wo alles vorbei ist, bin ich ihm eine Erklärung schuldig. In Kurzform schildere ich ihm den letzten Monat.

Doch bei jedem zweiten Satz unterbricht er mich, um mit ruhiger, aber entsetzter Stimme dasselbe zu wiederholen: »Du bist völlig verrückt, Anna!« Zum Abschluss sage ich ihm, jetzt sei alles vorbei. Er antwortet mir, das junge englische Königspaar würde bald Baby George taufen lassen. Vielleicht könnte ich ja mal über so etwas berichten? Er scherzt, und es tut mir gut, ihn lachen zu hören.
Ich gehe zurück zu Charly, dann beginnt das Boarding. Er nennt mich Anna – das kündet das Ende der Reportage an. Er erzählt noch einige Geschichten, wie gestern Abend bei Tisch, dann nickt er ein. Ich lege den Kopf ans Fenster und verliere mich in den Wolken. Diesmal ohne Musik. Nichts inspiriert mich mehr. Ich denke an das bevorstehende Schreiben, daran, dass ich innerhalb von vierundzwanzig Stunden die vielen Informationen auf zehn Seiten zusammenfassen muss. Dann an das Ende des gestrigen Abends. Für ein Mädchen, das sich noch nie geprügelt hat, war ich ganz schön entschlossen … So, als hätte der Wachmann alles aktiviert, was in meinem Unterbewusstsein vergraben ist: Bilel, die bösen Vorahnungen, das Scheitern, das Ende meiner virtuelle Marionette. Ich weiß es nicht. Aber in diesem Moment muss ich mir eingestehen, dass ich inzwischen wohl wirklich schizophren geworden bin.

Paris, Sonntagnachmittag

Es muss fünfzehn Uhr sein, und ich arbeite unter enormem Zeitdruck, um meinen Artikel fertig zu bekommen. Die Recherchen sind zum Teil so komplex und schwer zu erklären, dass es nicht einfach ist, sie in den mir vorgegebenen Rahmen zu pressen. Alles wäre in Ordnung, wäre der Abgabetermin, wie geplant, morgen. Aber wegen eines Feiertags wurde er auf heute vorverlegt. Ohne die Zeit zu einem letzten Korrekturdurchgang zu haben, schicke ich dem verantwortlichen Redakteur das, was ich schon fertig habe. Unser Verhältnis könnte man als »Hund und Katze« beschreiben. Manchmal ist er der Erste, der in die Bresche springt, um einen meiner Artikel zu verteidigen – egal um welches Thema es geht. Dann wieder antwortet er mir lakonisch per E-Mail und macht meine Arbeit auf der Redaktionskonferenz runter. Am Tag der Abgabe habe ich ihn oft verabscheut. Aber ich habe auch sehr viel von diesem klugen Mann gelernt.

Wie jedes Mal, wenn ich ihm einen Artikel gemailt habe, würde ich mich auch heute am liebsten unter mei-

ner Decke verkriechen – wie ein kleines Mädchen, nachdem die Eltern ihr Schulzeugnis gesehen haben … Sehr mutig, die Reporterin! Aber an diesem Tag antwortet er mir nicht per E-Mail, sondern ruft mich an. Das ist im Allgemeinen eher ein gutes Zeichen. Es bedeutet, er ist nicht unzufrieden und will mit wohl gewählten und ruhigen Worten die Arbeit loben. Diesmal scheint er mir aber aufgeregter als sonst. Er ermutigt mich weiterzuschreiben, auch wenn es zu lang wird: Diese Recherche verdiene die Veröffentlichung, und »der Teufel steckt ja bekanntlich im Detail«. Das trifft absolut auf Bilel zu. Dessen Mentalität verblüfft ihn ebenso wie Melodies Schlagfertigkeit. Er rät mir nur, für die Leser etwas mehr die Intensität herauszuarbeiten, mit der ich mich in diese Rolle versetzt habe – ohne dabei den neutralen Ton zu verlieren, den sich ein Journalist schuldig ist. Ich bin noch ganz in dem Thema, habe quasi von meiner Rückkehr aus Amsterdam bis jetzt ununterbrochen geschrieben. Und das weiß er. Er spürt, dass mir der Abstand fehlt. Doch er geht pädagogisch vor und ermutigt mich: Der Zeitplan ist eng, aber alle Elemente liegen vor; ich brauche sie nur niederzuschreiben. Ich gewinne wieder an Selbstvertrauen, ich werde meine Geschichte in der Ich-Form erzählen.
Die Chefredakteurin, der stellvertretende Herausgeber und sogar der Leiter der Rechtsabteilung schicken mir eine SMS. Vielleicht hat der verantwortliche Redakteur ihnen Bescheid gegeben. Hatten sie denn überhaupt die Zeit, das zu lesen, was sie bekommen haben? Ihnen zufolge halte ich »eine Bombe in der Hand«, und wir müssten vor der Veröffentlichung darüber reden. Ich weiß nicht recht, wie ich ihre Nachrichten verstehen

soll. Also fahre ich kurz entschlossen mit meinem Computer und meinen Notizen unter dem Arm in die Redaktion. Ich kämpfe, laufe von Büro zu Büro und verteile meinen noch unvollendeten Artikel. Noch nie habe ich mich getraut, so etwas zu tun. Ich gehe sogar zu unserem Herausgeber ... In der Metro habe ich mir sorgfältig überlegt, was ich ihm sagen will, so in dem Stil: »Ich weiß, du bist sehr beschäftigt, weil Redaktionsschluss ist, aber bitte nimm dir zehn Minuten, um den Anfang meiner Reportage zu lesen.« Als er mich sieht, weiß er offenbar sofort, warum ich da bin, und lässt mir keine Zeit, zu argumentieren oder auch nur den Mund aufzumachen.

»Du kommst wegen deines Artikels, ja?«, fragt er mich direkt.

Ich nicke schüchtern und lege ein paar ausgedruckte Blätter auf seinen Schreibtisch. Dann gehe ich eher niedergeschlagen in mein Büro. Die Chefredakteurin, die das Projekt von Anfang an begleitet hat, kommt zu mir. Sie hat die Reportage gelesen und findet sie sehr gut. Es tue ihr leid für mich, aber sie hätte nicht gedacht, dass es für die Rechteabteilung so viele Sachen zu überprüfen gebe. Sie selbst, der das Thema absolut klar gewesen sei, habe erst nach der Lektüre begriffen, wie sehr ich mich in Gefahr begeben habe.

Dann taucht der stellvertretende Herausgeber auf und schließt sorgfältig die Tür hinter sich. Er wisse genau, worum es bei meinem Thema gehe – vielleicht sogar besser als ich. Er lobt meine Arbeit, das sei nicht das Problem. Er habe nicht gewusst, dass Bilel ein so hohes Tier sei – vor allem durch seine enge Beziehung zu al-Baghdadi, dem Anführer von Daisch. Da seien nicht nur die persönlichen Drohungen eines enttäuschten Mannes in Betracht zu ziehen. Bilel habe mir viele Informationen über die geographische Lage und die strategischen Aktionen offenbart. Das könnte Repressalien nach sich ziehen, man müsse äußerst vorsichtig vorgehen … Zu viele ernste Fragen seien noch offen, und der Text sollte in wenigen Stunden in Druck gehen. Um in Ruhe überlegen zu können, werde das Erscheinungsdatum um eine Woche verschoben.

Wieder zu Hause, bin ich hin- und hergerissen – einerseits erleichtert, mehr Zeit zum Überarbeiten zu haben, andererseits verärgert, »den Kreis nicht schließen zu können«. Und was ist überhaupt mit Bilel los? Nachdem ich so viel über ihn geschrieben und diskutiert habe, habe ich ihn doch tatsächlich vergessen. Schon seit vierundzwanzig Stunden habe ich Melodies Accounts nicht mehr geöffnet, und die diversen Kartenhandys sind seit unserer Abreise aus Amsterdam ausgeschaltet. Melodie hat ihm nur vom Flughafen aus via Skype die Information geschickt, ein »merkwürdiger« Mann habe sie befragt … Yasmine und Melodie hätten den Eindruck, überwacht zu werden, und seien umgekehrt, um es ein andermal zu versuchen. Dann übrigens ohne Yasmine, deren Familie dauernd anrufe. Sie sei eine Last bei dieser komplizierten Reise. Da habe Bilel ganz recht. Nächstes Mal werde Melodie alleine kommen. Aber im Moment dürfe sie weder ihren Mann noch dessen Brigade gefährden. Also bleibe sie zunächst in Toulouse, bis Gras über die Sache gewachsen sei. Das sei im Interesse aller das Beste … Ich schalte sämtliche Geräte wieder ein, um zu sehen, wie Bilel reagiert hat. Auf dem holländischen Handy gibt es eine Flut von Nachrichten. Sie kommen von verschiedenen Männern, die ich nicht kenne – ausgenommen Abu Omar Tunsi, der für »die Sicherheit der Schwestern an der Grenze« zuständig ist. Alle fragen, wo Umm Saladîne sei … Und das will auch ihr Mann wissen. Sein Ton gleicht dem, den er während seines Wutanfalls in Amsterdam angeschlagen hat … Ein Satz unter anderen: »Wo bist du, kleines Miststück? Das wirst du mir büßen, beim Haupte Allahs!« Ich schalte schnell die Handys wieder aus. Es ist beschlossen, dass die Sache vorbei ist. Und das muss sie auch sein. Durch Melodies Unterwürfigkeit ist mein Charakter mit betroffen. Bilel will Melodie drohen? Ab jetzt wird sie ihm mit Annas Worten antworten. Ehe ich sie verschwinden lasse, überprüfe ich noch einmal alles. Auf Skype wiederholen sich Bilels Nachrichten in einer ewigen, immer wütenderen Litanei:

»Wo bist du?«

»Wo bist du??«

»Wo bist du???«

»Wo bist du????«

»Wo bist du?????«

»Wo bist du??????«

»Wo bist du??????????«

»Oh!!!! Wo zum Teufel bist du?????????????«

Ich ermesse seinen Zorn an der wachsenden Anzahl an Frage- und Ausrufezeichen. Auf Facebook hat Melodie nur eine einzige Nachricht bekommen – die aber hat den Vorteil, ausnahmsweise eindeutig zu sein:

»VERFLIXTE SCHEISSE, WO STECKST DU? Ich habe dir doch gesagt, du sollst deinen Account schließen … Jetzt kannst du den Dreck alleine ausbaden. Du hast mich zu sehr enttäuscht, du hast nichts von einer Löwin.«

Umso besser! Es ist mir lieber, wenn er auf diese Art wütend auf Melodie ist. Wenn sie seine Geduld zu sehr auf die Probe gestellt hat, wird er die Sache fallenlassen. Eilig deaktiviere ich die virtuelle Existenz meines ehemaligen Alter Ego. Nur das Profil auf Skype lasse ich. Auf dem schickt Melodie eine letzte Nachricht, damit ihr plötzliches Verschwinden sie nicht verrät. Sie entschuldigt sich, aber die Sache sei seit ihrer Rückkehr nach Frankreich sehr heikel für sie. Als ihre Mutter bemerkt habe, dass sie weg war, habe sie die Polizei verständigt. Und die ehemalige Dschihadisten-Adeptin habe nun große Mühe, ihre Abwesenheit zu erklären. Man habe ihren Computer beschlagnahmt. Das französische Handy ebenfalls, das neue, das sie in Amsterdam gekauft habe, habe sie auf Bilels Anweisung weggeworfen. Es sei also besser, den Kontakt für den Moment abzubrechen – die Bombe könnte jederzeit platzen. Sie entschuldigt sich noch einmal, auch dafür, dass sie ihm künftig keine Nachrichten mehr geben könne … Zum Abschluss schreibt sie ihm:

»Tut mir wirklich leid, Bilel. Ich wollte dich nicht enttäuschen, und ich habe geglaubt, gut daran zu tun umzukehren. Denn ich habe gespürt, dass die Gefahr für uns und auch für dich zu groß war. Ich hoffe, sobald ich wieder ein Handy oder einen sicheren Computer habe, wirst du erneut mit mir reden wollen. Ich umarme dich, Melodie.«

Natürlich plane ich nicht eine Sekunde, den Kontakt mit diesem gemeingefährlichen Irren noch einmal aufzunehmen. Aber ich will sicherstellen, dass er nicht an Melodies guten Absichten zweifelt, und seinen Zorn besänftigen. Ich hoffe, je mitleidiger und betroffener sie sich zeigt, umso schneller wird sich Bilel anderen Dingen zuwenden. Immerhin hat er Wichtigeres zu tun, als sich um die zwanzigjährige Melodie – eine unter vielen – zu kümmern. Der IS bereitet die Eroberung des Irak vor. Genau zwei Monate später wird Daisch Mossul, die zweitwichtigste Stadt des Landes, einnehmen und von dort auf Bagdad zu marschieren. Und das wird das internationale Bewusstsein für den diabolischen und radikalen Fundamentalismus dieser Organisation wachrütteln. Darum wird er Melodie sicher schnell vergessen.
Aber das scheint noch nicht der Fall zu sein.

Zwei Tage später, in der Redaktion

Der Stress hat nachgelassen, die Anspannung aber bleibt. Ich habe keine Ahnung, ob Bilel noch wütend ist, Melodie existiert auf alle Fälle nicht mehr. Anna, die Journalistin, wird ihren Artikel abschließen. Gestern habe ich die Folgen des letzten Monats gespürt und mich ausgeruht. Heute ist mein Kopf wieder klarer, doch ich habe es eilig, endlich einen Schlusspunkt unter die Geschichte zu setzen. Die Zielgerade ist im Allgemeinen das Schwierigste. Dann entscheidet die Zeitung, wie es weitergehen soll.

Ich sitze zusammen mit Kollegen und Freunden in dem Großraumbüro und schreibe, als mein Telefon klingelt. Eine französische Handynummer. Ich nehme das Gespräch an. Es ist Bilel. Ich springe auf und renne auf den Flur. Wie kann er mich von einer französischen Nummer aus anrufen? Und noch dazu auf meinem persönlichen Handy? Stimmt, in Amsterdam habe ich es benutzt, weil es keine andere Lösung gab … Ein falscher Schritt hat ausgereicht, um meine Tarnung auffliegen zu lassen. Das zumindest vermute ich zunächst. Ich verstehe nur schlecht, was der Terrorist mir sagt. Die Leitung rauscht. Wie damals, als er Melodie angewiesen hat, Skype und ihr Handy auf Mithören zu stellen, damit er direkt mit dem Kontaktmann reden konnte, der nur Arabisch sprach. Ich begreife, dass kein Grund zur Panik besteht: Bilel ist nicht innerhalb von achtundvierzig Stunden nach Frankreich gekommen, um sich zu rächen. Also schlüpfe ich wieder in die Rolle von Melodie, die ich gerade aufgegeben habe. Es ist schließlich nicht das erste Mal, dass ich improvisieren muss. Bilel fragt mich, wo ich sei und »was zum Teufel noch mal ich gemacht habe«. Melodie wiederholt in etwa das, was sie ihm in ihrer »Abschiedsnachricht« geschrieben hat. Und sie fügt ein nicht ganz unbedeutendes Detail hinzu: Ihre Mutter habe den Austausch der beiden Verliebten entdeckt und den Bullen übermittelt. Darum dürfe er diese Nummer nie wieder benutzen, nicht einmal im Notfall. Nie wieder. Sie werde sie bald aufgeben. Doch der Terrorist, der stolz ist wie ein Gockel, fasst alles falsch auf:

»Ah! Willst du mir jetzt etwa drohen, meine Kleine? Ich lach mich tot. Da schimpft ja wohl ein Esel den anderen Langohr!«

»Nein, ganz und gar nicht, im Gegenteil!« Und abermals beteuert Melodie, dass es ihr nur darum gegangen sei, ihn zu schützen.

Plötzlich ist die Verbindung unterbrochen. Ich sehe mich noch, wie ich in Maries Büro, in das ich mich geflüchtet habe, auf mein Display starre. Ich laufe sofort zu dem verantwortlichen Redakteur, der von Anfang an meine Arbeit betreut. Von ihm erhalte ich nicht nur meine Aufträge, er hat schon des Öfteren, wenn es brenzlig war, ein Auge auf mich gehabt. Und bisweilen habe ich mich ihm während dieser – sagen wir mal untypischen – Reportage auch anvertraut. Er schreibt sich sofort die Telefonnummer auf und bittet mich zu warten, bis er herausgefunden hat, zu wem sie gehört. Entschlossen kehre ich an meinen Computer zurück, um mich in Melodies Skype-Account einzuloggen. Ich verberge meine IP-Adresse und sehe schnell nach, ob Bilel dort Drohungen hinterlassen hat. Es sind gleich mehrere:

»Sag mal, für wen hältst du dich eigentlich, du kleines Miststück?«

»Du hast dein Gegenüber unterschätzt … Du hast dich mit einer Terrororganisation angelegt!«

»Die Leute, mit denen du an diesem Wochenende gesprochen hast, haben fünfzehn Jahre Erfahrung in der Spionageabwehr. Es ist eine Sache von Minuten, dich aufzuspüren.«

»Du wolltest mich zum Narren halten, aber das wirst du mir büßen! LOL.«

Jetzt ist es so weit – das Damoklesschwert schwebt über mir. Die Drohungen werden, selbst wenn sie nicht unmittelbar umzusetzen sind, konkreter. Natürlich antworte ich nicht darauf. Ich logge mich wieder aus Skype aus. Wie versprochen, kommt mein Redakteur zurück und bittet mich in sein Büro. Die französische Handynummer ist die von einem gewissen Hamza[1], der in Albertville im Departement Savoyen wohnt. Eine Weile lang sehen wir uns verblüfft an, auch wenn

1 Name geändert

wir wissen, dass es zwangsläufig eine logische Erklärung gibt, sind wir angespannt.
Gemeinsam gehen wir zur Chefredakteurin. Zu dritt besprechen wir uns hinter verschlossener Tür. Nach reiflicher Diskussion beschließt sie, die Nummer anzurufen und sich als Melodies Mutter auszugeben. Doch merkwürdigerweise antwortet niemand mehr …
Im Telefonbuch finden wir die zugehörige Festnetznummer. Die Chefredakteurin wählt sie. Der Mann, der abhebt, ist offenbar nicht mehr ganz jung und stellt sich als Hamzas Vater vor. Meine Chefin erklärt ihm, es würde sie stören, wenn sein Sohn einfach so ihre noch nicht einmal zwanzigjährige Tochter anrufe. Der Mann reagiert nicht. Doch sobald sie von »Syrien« spricht, gerät er in Panik und stammelt: »Mein Sohn ist volljährig. Er macht, was er will!« Im Übrigen habe er ihn seit mehreren Wochen nicht mehr gesehen und wisse nicht, wo er sich aufhalte. Melodies Mutter wundert sich, dass sich der Patriarch nicht wirklich Sorgen macht. Doch der bricht wie in Panik das Gespräch ab.
Der Artikel nähert sich dem Ende, für mich aber beginnt die Flucht. Und so fängt die Geschichte, die wir abgeschlossen glaubten, jetzt erst richtig an …

Am selben Tag, abends

Kleinlaut sitze ich in meiner Wohnung und starre auf das schwarze Sofa, das ich nicht mehr erkenne. Ich hasse es. Plötzlich reißt mich der Klingelton meines Handys aus der Erstarrung. Wieder eine unbekannte französische Nummer. Ich frage, wer am Apparat ist. Eine recht junge männliche Stimme antwortet höflich, er sei der Bruder von … Hamza! Am liebsten hätte ich gebrüllt: *Was denn noch?* Ich will Melodie nicht auferstehen lassen und schon gar nicht sagen, dass ich Journalistin bin. Der Mann scheint mir jünger als ich, also mache ich mich älter:

»Ich bin Melodies Mutter!«

Schweigen. Ich fahre fort:

»Was will Ihr Bruder von meiner Tochter?«

»Madame, ich schwöre Ihnen, dass ich es nicht weiß. Mein Bruder ist seit einigen Wochen verschwunden, und ich habe keine Nachricht von ihm …«

»Ja, glauben Sie denn, vielleicht ich? Hören Sie auf, diese Nummer anzurufen und meine Tochter und mich zu belästigen!«

»Ich verstehe nicht, dass er sich nicht meldet – außer Ihre Tochter hätte … Können Sie mir nicht etwas mehr sagen?«
Der Bruder scheint wirklich verzweifelt. Seine Stimme ist rauh, und er spricht stockend. Ich bemerke, dass er unsicher ist, aber offenbar nicht weiß, wo sich Hamza aufhält. Doch Melodie hat sich in letzter Zeit schon genug sozial engagiert, diese Rolle wird ihre Mutter nicht übernehmen. Also erkläre ich mit lauter, fester Stimme, die eher der italienischen Mama eines Clans gleicht als einer überängstlichen Mutter:
»Jetzt hör mir mal gut zu: Nach deinem kleinen Bruder hatte ich deinen Vater am Apparat, und jetzt rufst du auf meinem Privathandy an, das nicht meiner Tochter gehört. Rallahs mit der Familie von Hamza! Wenn du also willst, dass sie noch eine Nachkommenschaft hat, dann sieh zu, dass er sich bis spätestens morgen Vormittag gemeldet hat. Ansonsten hetze ich dir nicht nur die DCRI[1] auf den Hals, sondern auch meine Brüder – und glaub mir, mein Junge, das sind nicht wenige!«
Dann lege ich einfach lächelnd auf. Es tut gut, nicht mehr Melodie zu sein, die stets unterwürfig und ängstlich ist … Am nächsten Tag erfahre ich von meiner Redaktion, dass die Nummern der gesamten Familie von Hamza aus dem Telefonbuch gelöscht sind. Hamza wird in der Tat gesucht, weil er Frankreich vor drei Wochen verlassen hat. Das letzte Mal haben die Behörden ihn in der Türkei geortet. Seither ist er ein Phan-

1 Zentrale Direktion für Inlandsaufklärung, seit Mai 2014 DGSI (Direction générale de la sécurité intérieure), die dem Innenministerium untersteht

tom, das Verstecken spielt. Diese letzte Information ist nicht dazu angetan, uns wirklich zu beruhigen. Entweder befindet sich Hamza in Syrien, und dann habe ich unmittelbar nichts zu befürchten, oder er hält sich in Frankreich auf, vielleicht sogar in Paris. Wir haben keine Ahnung. Wir bekommen jede Menge Anrufe von Nummern, die mit +936 oder +90 – also mit der syrischen oder türkischen Vorwahl – beginnen. Ich nehme kein Gespräch mehr an.

Kaum vierundzwanzig Stunden später drehen sich die Schlagzeilen der meisten Tageszeitungen und Nachrichtensender um »sechs Personen zwischen zwanzig und siebenunddreißig Jahren aus der Umgebung von Albertville, die wegen ihrer Beteiligung am dschihadistischen Rekrutierungsnetzwerk festgenommen wurden«.

Es ist der Vorabend des ersten Mai, doch ich wünsche mir wirklich, all dies wäre nur ein verspäteter schlechter Aprilscherz. Zu diesem Zeitpunkt weiß ich nicht, dass all »meine« Telefone von der Polizei abgehört werden. Das werde ich erst drei Wochen später erfahren, als mein Name mehrfach in den Akten von Jugendlichen auftaucht, die in den Nahen Osten wollen. Vor allem in der von Vanessa, jenem jungen Mädchen, das im sechsten Monat schwanger ist. Nach meinem SMS-Austausch mit ihr hatte mir Bilel gesagt, ich solle nicht mehr auf sie warten, sie habe Schiss gekriegt. Und tatsächlich war sie nicht mehr zu erreichen, weder via Skype noch per Telefon – dabei hatte sie so unbedingt in Syrien entbinden wollen. Doch unser Austausch hat dazu beigetragen, dass die Behörden über handfeste Informationen verfügten und sie an der Ausreise hindern konnten. Bei dieser Gelegenheit wurde auch ein bedeutendes Rekrutierungsnetz zerschlagen, das mit ihr in Verbindung stand.

Ohne es zu wollen oder auch nur zu wissen, macht sich Melodie überall Feinde. Als wir von der Razzia in Albertville erfahren, fragen wir uns – allen voran ich mich selbst –, ob meine Reportage etwas mit diesen vielen gleichzeitigen Festnahmen zu tun hat. Ich schwanke von Anfang an zwischen einem Zusammentreffen der Umstände und reinem Zufall. Betrachtet man allerdings die Recherchen, ist ein Zufall auszuschließen. Angesichts von Bilels Drohungen, der unverständlichen Geschichte mit Hamza und jetzt dieser Neuigkeit besteht die Zeitung darauf, dass ich umziehe und möglichst schnell meine Telefonnummer ändere. Ich muss weg. Jetzt gleich. Wenn Daisch den Zusammenhang zwischen Melodie und der Journalistin hergestellt hat und mir die Serie von Festnahmen anlastet, wird sich mein Leben verändern. Aber daran glaube ich nicht allzu sehr: Vielleicht hat die Überwachung meiner Telefone der DCPJ geholfen, aber dass ich diejenige gewesen sein soll, die das Rekrutierungsnetz des IS zu Fall gebracht hat, daran glaube ich nicht wirklich … Dennoch, ich muss jetzt sehr vorsichtig sein. Mein erster Reflex ist, ein paar Sachen zusammenzupacken und mich zu meinen Eltern zu flüchten. Ich dachte, ich würde höchstens ein oder zwei Nächte in meinem ehemaligen Kinderzimmer schlafen. Doch sechs Monate später bin ich – mit einigen Unterbrechungen – immer noch dort.

Fünf Tage später

Ich wohne noch immer bei meinen Eltern, als die latente Gefahr plötzlich konkret wird. Heute Morgen ist die Schlussredaktion, und die Zeitung geht in Druck – mit meinem sorgfältig von der Rechteabteilung geprüften Artikel. Unterdessen fahren Charly und ich zur nigerianischen Botschaft, um möglichst schnell ein Visum zu bekommen. Die Entführung von über zweihundert Schulmädchen durch die islamistische Terrorgruppe Boko Haram in Chibok, im Nordosten des Landes, hält die ganze Welt in Atem. Uns wird jedoch sehr bald klar, dass wir uns nicht vor Ort begeben können. Es dauert einen Monat, um ein solches Journalistenvisum zu bekommen!
Ohnehin ruft inzwischen der leitende Redakteur an, der uns ursprünglich den Auftrag erteilt hat, und erklärt mir, es sei ausgeschlossen, dass ich mich in diesem Moment in ein solches Krisengebiet begebe … Ich schlucke meine Enttäuschung hinunter und denke: Aufgeschoben ist nicht aufgehoben.
Es ist gegen sieben Uhr abends, das Wetter ist noch

schön und mild. Den Nachmittag haben Lou und ich mit Nichtstun in der Sonne verbracht. Ich fühle mich so leicht, so unbeschwert … Alles ist gut. Ich bekomme zwar weiterhin Anrufe von seltsamen Nummern, aber weiter nichts. Ich wollte nicht mehr in die Cyber-Welt von Melodie eintauchen und habe alle ihre Accounts geschlossen. Ich kümmere mich nicht mehr darum, und damit geht es mir gut. Übermorgen erscheint mein Artikel, und wenn sich in den Tagen danach nichts tut, kann ich in meine Wohnung und in mein gewohntes soziales und berufliches Leben zurückkehren. Lou ist ebenso im Stress wie ich. Aber wir nehmen eine kleine Auszeit und albern herum, als plötzlich die Chefredakteurin, die meine Reportage betreut hat, anruft. Ich nehme das Gespräch mit fröhlicher Stimme an. Sie wiederholt mehrmals meinen Vornamen, so als wolle sie sichergehen, dass auch tatsächlich ich am anderen Ende der Leitung bin und ihr aufmerksam zuhöre.

»Anna, Bilel ist tot.«

Schweigen, dann fährt sie fort:

»Bilel ist tot! Stell dir das mal vor!«

Nein. Kann ich nicht. Die Ärmste hat mich, ohne es zu wissen, brutal aus meinem Kokon gerissen, in dem ich seit einigen Tagen lebe. Und wieder befinde ich mich in diesem Strudel, mein Kopf und mein Körper geraten ins Wanken. Ich stehe auf, laufe blindlings drauflos und versuche, mich auf das zu konzentrieren, was sie mir erklärt. Was ich behalte, ist, dass David Thomson, ein zuverlässiger Journalist des RFI[1], Schriftsteller und Spezialist auf dem Gebiet des religiösen Fundamen-

1 Radio France Internationale, der Auslandsrundfunk Frankreichs

talismus, die Nachricht vom Tod Abu Bilel al-Firansis getwittert hat. Der Mitteilung ist ein Foto von Bilel zu Lebzeiten beigefügt. Das ich übrigens kenne. David Thomson irrt sich nur sehr selten. Meine Chefin – und das ist normal, ich hätte wahrscheinlich genauso reagiert – kündigt mir »das« in einem Tonfall an, als würde sie sich für mich freuen. Ihr selbst bereitet der Tod eines Menschen, auch wenn es sich um einen Mörder handelt, weder Genugtuung noch Erregung. Aber sie scheint der Auffassung zu sein, diese Neuigkeit würde für mich das Risiko von Repressalien verringern oder aufheben. Deshalb verrät ihr Ton Genugtuung und Erleichterung. Ich sage nichts. Sie nimmt mein Unbehagen wahr. Behutsam fragt sie mich, ob alles in Ordnung sei. Ich antworte mit Ja, ich sei nur ein wenig durcheinander, aber das werde sich sicher bald legen. Ich sage, dass ich nachsehen werde, ob Melodies virtuelle Freunde darüber sprechen, und sie auf dem Laufenden halten werde.

Lou hat verstanden. Sie begleitet mich in die Küche, wo ich im Internet nachsehen will. Sie rät mir davon ab. Ich bin gereizt. Meine rechte Hand zittert wie Espenlaub. Sie umarmt mich, und zum ersten Mal seit Beginn dieser Geschichte breche ich zusammen. Lou weiß genau, dass ich keine Gefühle für Bilel hege; trotzdem fragt sie mich, ob mich sein Tod berührt. Und genau aus diesem Grund laufen mir die Tränen über die Wangen, als wäre ich ein kleines Mädchen. Egal, wie Bilel gestorben ist, das ist sein Problem … Aber das Warum ist wichtig. Wenn sein Tod in irgendeiner Weise mit mir zu tun hat, dann werfe ich mir vor, dass ich für die Reportage diese Rolle übernommen habe. Er ist ein gefährlicher Mörder – ich aber nicht. Ich möchte nicht das Geringste mit dem Tod egal welches Menschen zu tun haben … In diesem Augenblick kommt es mir so vor, als hätte ich durch meine Rolle seinen Tod herbeigeführt. Melodie, Umm Saladîne, die Mutter von Melodie – ich habe den Eindruck, ungewollt sein Henker geworden zu sein. Wenn die Terrororganisation entdeckt hat, dass es mir gelungen ist, ihm eine Falle zu stellen und ihm Informationen zu entlocken, dann hat sie ihn vielleicht bestraft … Auch wenn Bilel alles verkörpert, was ich verabscheue, trifft mich diese Nachricht sehr. Und die Neuigkeit verbreitet sich schnell; ich erwarte natürlich keine Kondolenznachrichten, bin aber dennoch befremdet über die SMS, die mich zum plötzlichen Ableben meines »Ehemanns« quasi beglückwünschen. Keinem von allen, die mir schreiben, ist sein Tod gleichgültig, doch sie denken, gut daran zu tun, diese Worte an mich zu richten. Aber ich weiß nicht, was ich antworten soll. Ich verstehe weder meine Tränen noch, warum sich mein Magen zusammenkrampft.

Nachdem ich mich ein wenig gefangen habe, logge ich mich in meinem echten Facebook-Account ein, wo ich einige Kontakte zu den Brigaden des IS habe. Ich muss herausfinden, wie Bilel gestorben ist, diese Frage lässt mich einfach nicht los. Je nach seinen Todesumständen weiß ich, ob ich etwas damit zu tun habe oder nicht. Sollte das nicht der Fall sein, empfinde ich nichts. Oder vielleicht, wie meine Freunde, eine Art Erleichterung … Eine oder zwei Stunden lang konsultiere ich die Seiten verschiedener Mudschaheddin von Daisch. Viele bezeugen ihre Hochachtung für »Abu Bilel al-

Firansi, der seit fünfzehn Jahren überall im Namen Allahs gedient hat. Er war der Franzose, der unserem Kalifen Abu Bakr al-Baghdadi am nächsten stand.«
Insbesondere Abu Shaheed, ein Franzose in Syrien, vielfach von Journalisten via Skype interviewt. Sein Profilfoto zeigt ihn, die Waffe auf das Objektiv gerichtet. Darunter die Bildlegende: »Schöne Grüße an die DCRI«. Abu Shaheed ist ein einflussreicher Führer der französischen Dschihadisten. Sein Ruf eilt ihm voraus. Wenige Monate zuvor hatte er seinen Account geschlossen und unter anderem erklärt, der Glaube sei mit den Cyber-Aktivitäten nicht zu vereinbaren und somit oberflächlich. Heute hat er beschlossen, sein Profil wieder zu aktivieren, um den Tod seines engen Freundes bekanntzumachen.
»Nach den schlimmen Lügen von Zawahiri[1] und seinen Anhängern haben wir Dschabhat al-Nusra hinsichtlich des Waffenstillstands vertraut. Doch sie haben uns an verschiedenen Fronten angegriffen und unseren geliebten Bruder Abu Bilel al-Firansi getötet, während er an Friedensverhandlungen mit der al-Nusra-Front teilnahm. Es bleiben Verrat, Unverständnis und Zorn. Möge Allah unseren geschätzten Bruder aufnehmen, der ein Lichtblick in dieser finsteren Welt war.«
Bilel, der »für den Frieden verhandelt«? Er, ein Mann des Friedens? Seine Gedenktafel müsste jetzt neben der von Mandela stehen … Ich habe den Eindruck, den Boden unter den Füßen zu verlieren und in einen immer absurderen Strudel zu geraten. Auf YouTube

1 Der Ägypter Aiman al-Zawahiri ist al-Qaida-Chef und Nachfolger von Osama bin Laden.

und gewissen spezialisierten Sites finde ich das Video von einer unglaublichen Explosion, der Abu Bilel, wie der Titel verkündet, zum Opfer gefallen sein soll. Es gleicht einem Erdbeben. Äußerst eindrucksvoll. Es heißt, die Explosion gehe auf das Konto der al-Nusra-Front, die vorher einen Tunnel vermint hatte, der Syrien und Irak verband. Bilel war »in geheimer Mission gekommen, um Verträge zu unterzeichnen […], aber in Wirklichkeit war es ein Hinterhalt« – der im Übrigen eine beträchtliche Zahl an Zivilisten, die in der Nähe wohnten, ebenfalls das Leben gekostet hat.
Das Standbild, das mindestens sechzig Sekunden andauert, wird von zwei Stimmen auf Französisch kommentiert, die sich zu dem makaberen Hinterhalt gratulieren. Das könnte tatsächlich alles zusammenpassen. Bilel hatte oft diese geheimen unterirdischen Gänge erwähnt, die er benutzte, um sich in den Irak zu begeben oder »um wichtige Personen zu treffen«. Aber es sind nur Bilder, so eindrucksvoll sie auch sein mögen, die eine Explosion zeigen. Kein Gesicht. Weder das der Henker noch das der Toten … Unmöglich, den Sachverhalt zu überprüfen. Zwei denkbare Erklärungen: Entweder ist Bilel tatsächlich tot, oder das Ganze ist nur eine Täuschung. Ich wusste nichts von der Nähe der beiden Männer – Bilel und Abu Shaheed –, aber ich wundere mich über den Nachdruck, mit dem er und seine Kollegen immer wieder betonen, dass Bilel »der Franzose war, der al-Baghdadi am nächsten stand«.
Wie ich bereits erwähnte, werden die Toten von Daisch stets »äußerst vorteilhaft« aufgenommen, bevor die Fotos gepostet werden, um von den neuen

Märtyrern zu berichten, die »fortan in Frieden ruhen«. Nun sprechen viele von Bilel, doch niemand präsentiert sein letztes Bild, was sehr ungewöhnlich ist … Nicht einmal ein Foto, das ihn stolz im Kampfanzug zeigt. Die einzige Aufnahme, die herumgeht, ist ein Screenshot aus seinem Video in dem Geländewagen, das berühmt geworden ist. Seltsam. Ganz gleich, ob Bilel nun, gedeckt durch seine Miliz, seinen Tod nur vorgetäuscht hat oder ob er von den Seinen exekutiert wurde, weil er zu viel verraten hat – ich werde in jedem Fall größte Probleme haben. Falls Melodies Schwindel aufgeflogen ist, steht sie fortan unter Verdacht, entweder Polizistin oder Journalistin zu sein. Der Artikel kommt übermorgen heraus … Die Druckmaschinen sind sicher schon in Aktion. Aber nein! Ich lasse mich von meinen Fantasien hinreißen! Wenn, wenn, wenn … bei all den Möglichkeiten kann man sich alles vorstellen. Ich versuche, mich zur Räson zu bringen: Bilel hat mir kompromittierende Informationen verraten, aber schließlich keine Staatsgeheimnisse. Und die Greueltaten, von denen er mir im Detail und mit stolz geschwellter Brust berichtet hat, sind zum Teil bereits bekannt.

Auf Anraten von Lou, die selbst verwirrt ist, lassen wir meinen Computer in der Küche stehen und gehen in mein Schlafzimmer. Wieder hier zu sein, zwingt mich zu einer sehr merkwürdigen Reise in die Vergangenheit. Das alles hier zu erleben, an diesem Ort, an dem ich meine schönsten und schlimmsten Momente erlebt habe, vermittelt mir das Gefühl, endgültig den Halt zu verlieren. Als hätte ich keine Orientierungspunkte mehr oder als hätte sich die Wahrnehmung

meiner Realität komplett verändert. Und ich höre nicht auf, mir innerlich zu wiederholen: *Aber was ist bloß los?*
Mein Handy klingelt alle fünf Minuten. Seit Beginn der ganzen Geschichte ist *komischerweise* heute der Abend, wo Bilel mich am allermeisten stört. Es ist nicht vorbei. Da ich niemandem antworte, spricht sich schnell herum, dass Lou bei mir ist. Nun wird sie von allen Seiten bedrängt. Als die Chefredakteurin erneut anruft, gerät sie in Panik und reicht mir das Telefon. Letztere teilt mir jetzt mit, Bilel sei nicht tot.
Habe ich schon gesagt, dass mir ganz schwindlig ist und sich alles um mich herum dreht?

Ihre Informanten finden das übertrieben, und David Thomson hat seinen Tweet gelöscht. Man muss ihn kontaktieren, direkt mit ihm reden – herausfinden, was an der ganzen Geschichte dran ist. Meine Chefredakteurin schlägt mir vor, sich darum zu kümmern, während ich versuche, der Wahrheit unter anderem im Internet auf die Spur zu kommen. So vergeht der Abend. Wir laufen zwischen der Küche, dem einzigen Raum meiner Wohnung mit gutem Empfang, und meinem früheren Schlafzimmer hin und her. Lou und ich telefonieren, durchforsten das Internet und sichten die neuesten Meldungen von AFP. David Thomson, der über »meinen Fall« informiert wurde, ruft mich netterweise an. Er hat seinen Tweet gelöscht, weil Bilels Eltern das von ihm verlangt haben. David wusste nicht einmal, dass sie seinem Blog folgen. Aus Respekt vor ihren Gefühlen ist er ihrem Wunsch nachgekommen. Gleichwohl bestätigt er mir den Tod des Dschihadisten. Sein Informant sei vor Ort und bisher absolut zuverlässig gewesen. Gut … Und jetzt?

Lou geht erst sehr spät nach Hause. Sie hat Bedenken, mich in diesem ganzen Aufruhr allein zu lassen. Der morgige Tag wird sicher sehr lang werden. Die unterschiedlichen Hypothesen all der Leute, mit denen ich im Laufe des Abends geredet habe, dröhnen mir im Kopf. Ich weiß nicht mehr, was ich denken soll. Ich nehme eine Schlaftablette, damit dieser Tag ein Ende hat.

Dienstag

Das Klingeln meines Handys weckt mich in aller Frühe. Es hagelt weiter Anrufe. Alle wollen wissen, ob Bilel nun tot ist oder nicht, und gleich danach die Frage: »Und, nervt es dich nicht, dass er Frau und Kinder hat?« Ehrlich gesagt, ist das meine geringste Sorge. Ich gehe nicht weiter darauf ein. Vor allem hatte ich es ja längst vermutet …

Vor rund zwei Wochen meldete sich über Facebook eine Frau bei Melodie. Merkwürdigerweise konnte die gute Seele ihr private Nachrichten hinterlassen, obwohl sie nicht zu ihren »Freunden« im sozialen Netzwerk gehörte. Wenn man jemanden kontaktieren will, der nicht in der Freundesliste steht, fällt die Mail automatisch unter die Spams, die sich nie jemand ansieht. Um eine private Nachricht an jemanden zu richten, mit dem man nicht »befreundet« ist, muss man entweder Mitarbeiter von Facebook sein oder Staatsbeamter, der sich für seine Ermittlungen ein Profil zugelegt hat … Melodie bekommt diese Nachricht genau zu dem Zeitpunkt, als der Anti-Dschihad-Plan des französischen Innenministers Cazeneuve in Kraft tritt. Als meine virtuelle Marionette viele Posts zum Thema Asch-Scham veröffentlicht, beginnt diese Frau namens Fatima, ihr merkwürdige Fragen zu stellen … Die Orthographiefehler pro Zeile sind beträchtlich, ähnlich wie bei Melodies Nachrichten an Bilel. Doch komplexe grammatikalische Angleichungen gelingen ihr merkwürdigerweise problemlos. Sie nennt mich »Schwester« und behauptet, in Tunesien zu wohnen. Angeblich ist sie achtundzwanzig. Okay, aber was will sie von Melodie? Sie kommt sofort auf Bilel zu sprechen. Na sieh mal einer an … Die Welt ist wirklich klein … Denn zufällig ist auch er mitten am Nachmittag online und überhäuft seine Melodie mit Unmengen von kleinen Herzchen. Und »wieso erzählst du mir von Bilel?«, will Melodie von Fatima wissen. Sie antwortet wie aus der Pistole geschossen, dass auch sie vorhabe, nach Syrien zu gehen, aber jetzt zögere, weil sie nicht nur Bilels zweite Wahl sein wolle. Er werde zuerst Melodie heiraten und anschließend Fatima. Polygamie sei ihr zuwider. Ganz nebenbei meint sie: »Schade, dabei sieht er wirklich gut aus! Aber das weiß er auch und nutzt es aus.«

Eher verärgert als gedemütigt erkundigt sich Melodie bei Bilel, wer denn diese Fatima sei, die behauptet, seine zukünftige Frau zu sein. Er antwortet mit einer ganzen Reihe von »LOL« und sagt Melodie, sie solle diese »eifersüchtigen Schwestern« nicht beachten. Ich nehme das Gespräch mit Fatima wieder auf und frage sie, wie sie überhaupt davon erfahren habe und warum sie mir das alles erzähle? Fatima bleibt vage. Sie sagt, sie sei krank und sich deshalb nicht sicher, ob sie ihre

Hedschra machen solle. Und überhaupt sei es gefährlich, dorthin zu gehen. Ihr Tonfall ändert sich plötzlich, und sie kann sich immer besser ausdrücken: Bilel sei gefährlich. Und Syrien noch viel mehr. Sie verzichtet auf ihre Hedschra, und ich solle ihrem Beispiel folgen. Zum ersten Mal in diesem Abenteuer erzählt endlich jemand Melodie, wie es wirklich in Syrien ist. Melodie fragt Fatima, warum sie noch vor zwanzig Minuten Bilel heiraten und zu ihm fahren wollte, jetzt aber offenbar ihre Meinung radikal geändert habe. Fatima weicht aus und fragt mich, ob wir miteinander skypen könnten. Dann würde sie mir darauf antworten. Sie scheint besorgt um mich und wiederholt immer wieder meinen Namen, wenn sie mir rät, mich nicht »in diese Hölle« zu begeben. Bevor ich ihr antworte, habe ich nicht übel Lust, Bilel auf meine Art »zu quälen«. Melodie wird ihm seine erste Ehekrise bescheren … Das verleiht doch dem Beginn einer jeden Liebesgeschichte etwas Würze. Mit fester Stimme spricht sie ihn auf die Sache an und teilt ihm mit, wie sehr sie von ihm enttäuscht sei.
»Lachhaft! Ich bin sicher, das war eine der Schwestern aus Roubaix! Sie will Unruhe stiften, weil sie gern an deiner Stelle wäre … Du wirst die erste Frau von Abu Bilel al-Firansi sein …«
Roubaix, die Stadt in Nordfrankreich? Bis jetzt hatte Bilel – Rachid – stets behauptet, in Paris geboren zu sein. Sieh einer an … Ich kehre zu Fatima zurück. Melodie verspricht ihr, dass sie skypen werden, aber zuvor wolle sie etwas von ihr wissen: Wo ist Bilel geboren? Fatima hat keine Ahnung. Mit Sicherheit wisse sie aber, dass er polizeilich gesucht werde und bereits drei

Frauen habe. Zwei Konvertitinnen, von denen eine zwanzig Jahre alt sei, und seine erste Frau, Französin, Muslimin und neununddreißig … Wow! Na, das ist ja mal ein spannender Tag.
Ich gehe Bilel noch ein bisschen auf die Nerven, und er liefert Melodie, ohne es zu merken, Details zu seinem Alter Ego Rachid. Später werden mir diese Informationen sehr nützlich sein, und nicht nur mir … Bilel hört nicht auf zu behaupten, er habe keine Frau und sei »niemals verheiratet gewesen«. Ich war in der Redaktion und fahre rasch nach Hause, denn ich will unbedingt mit Fatima via Skype Kontakt aufnehmen, habe aber vergessen, meinen Schleier mitzunehmen. Ich hege zwar Zweifel an ihrer Identität, aber das ist nur so ein Gefühl. Auf jeden Fall ist es besser, vorsichtig zu sein und nicht zu viel von mir preiszugeben. Eine Dreiviertelstunde später bin ich zu Hause, und Melodie ist bereit, doch Fatimas Facebook-Profil ist gelöscht. Anstelle ihres Namens steht jetzt dort: »Benutzer unauffindbar« … Ich habe nie wieder von ihr gehört. War sie, obwohl sichtlich verstört, doch eine gute Seele? Oder handelte sie nur nach den Vorgaben des Anti-Dschihad-Plans von Cazeneuve? Wieder eine Frage, auf die ich nie eine Antwort bekommen habe …

Die Anrufe häufen sich im Laufe des Vormittags, vor allem die aus der Redaktion. Ich gehe mit dem Hund im benachbarten Park spazieren und nehme nur noch bestimmte Anrufe an. Mittags meldet sich die Chefredakteurin. Sie hält es für besser, wenn ich bei Erscheinen des Artikels nicht in Paris bin … Ein paar Stunden später mache ich mich gemeinsam mit ihr auf die Reise.

Ich habe den Kopf ans Fenster gelehnt und betrachte, wie die Wolken an mir vorüberziehen. Sie bringt mich für ein paar Tage bei Leuten unter, die sie »sehr gut« kennt. Der Ort ist atemberaubend. Olivenbäume, Pinien und dieses unendliche Grün befreien mich augenblicklich von einem Großteil meiner Ängste. Hier kann ich endlich durchatmen … Das Anwesen erscheint mir unwirklich. Egal, ob drinnen oder draußen – alles ist so majestätisch, so groß. Die Menschen, die mich beherbergen und mich überhaupt nicht kennen, sind derart freundlich und bezaubernd zu mir … Draußen spaziere ich zwischen Hühnern, Eseln und Pferden umher, begleitet von Hunden und einem weiblichen blondgelockten, kaum fünf Jahre alten »Bodyguard«. Hier nimmt sich keiner wichtig. Was für ein angenehmes Gefühl …

Das kleine Mädchen weckt mich jeden Morgen in aller Herrgottsfrüh, nur wenige Stunden nachdem es mir endlich gelungen ist einzuschlafen. Wenn ich, noch völlig benommen, die Augen öffne, sieht sie mich schelmisch an. Der Blick eines verschmitzten, unschuldigen und reinen Kindes. Das komplette Gegenteil dessen, was ich im letzten Monat erlebt habe. Doch auch in diesem Paradies werde ich das Gefühl nicht los, mich aus der Vogelperspektive zu betrachten. Als wären mein Körper und mein Geist voneinander losgelöst. Trotzdem schulde ich meinen Gastgebern ein paar Erklärungen. Also erzähle ich. Anschließend gehe ich und füttere die Pferde. Bevor ich weiter auf der Suche nach irgendeinem Hinweis durch die Mäander des Internets surfe, besuche ich zuerst die Hühner. Dann beantworte ich die nächsten Fragen. Und so weiter und so fort … Der Tod, Bilel, die Zukunft, die Gegenwart, der Umzug, das kleine Mädchen, die Tiere, die Schutzengel, die ich hier gefunden habe, meine Familie und meine Freunde, die weit weg sind – all das überschlägt sich in meinem Kopf. Nichts passt mehr zusammen. Keine Realität deckt sich mit der anderen. Ich bin in einem Karussell, das sich mit rasender Geschwindigkeit dreht. Ich könnte vom Holzpferd springen und mich dadurch von diesem Schwindelgefühl befreien. Aber es ist, als hätte ich eine Blockade. Oder als ob man mich blockierte.

Acht Monate später

Und die Moral von der Geschichte? Aber wie kann ich sie liefern, wenn ich selbst nicht weiß, wie die Geschichte ausgeht? Das Damoklesschwert schwebt noch immer über mir – ja, mehr denn je. Eine unsichtbare Drohung umgibt mich, deren Entwicklung unvorhersehbar ist. Oder vielleicht auch nicht. Immer wieder stelle ich mir eine Unzahl von Fragen, auf die ich nur wenig Antworten gefunden habe. Wenn ich alles in wenigen Worten zusammenfassen sollte, würde ich vielleicht mit Franklin D. Roosevelt sprechen: »Wenn ich die Leiden der Menschheit aufzählen müsste, täte ich es in dieser Reihenfolge: Krankheit, Tod, *Zweifel.*«. Friederich Nietzsche betont, nicht der Zweifel sei tödlich, sondern die Gewissheit. In meinem Fall verhält es sich genau umgekehrt. Die Ungewissheit und die Folgen meiner Arbeit schließen mich in ein mentales Gefängnis ein, aus dem mich nur unwiderlegbare Beweise befreien könnten. Seit acht Monaten habe ich den Eindruck, dass jener 5. Mai 2014 sich dauernd wiederhole. Ich weiß nicht mehr, wie viele Zeugenaussa-

gen ich vor immer anderen Polizeiabteilungen ablegen musste. Ich habe sie nie von mir aus aufgesucht, sondern wurde stets vorgeladen. Nachdem meine wahre Identität immer öfter in ihren Akten auftauchte, wurde ich unter anderen auch von der DCPJ und einem Anti-Terror-Richter verhört …
Melodie wollte einigen Seelenverwandten helfen, und nun darf Anna die Sache ausbaden. Zweimal musste ich auf Drängen der Behörden meine Telefonnummer ändern, weil sie fürchteten, andernfalls könnte man meine Identität und Adresse ausfindig machen. Ich lebe nicht mehr in meiner Wohnung. Die Zeitungen, für die ich normalerweise über diese Themen schreibe, haben mir »zu meiner Sicherheit« verboten, über den Islamischen Staat und alles, was damit zu tun hat, zu berichten. An manchen meiner Arbeitsplätze sind die Sicherheitsvorkehrungen drastisch verstärkt worden. Und zugleich tauchten junge Mädchen mit Ganzkörperverschleierung in Begleitung wesentlich älterer Männer am Empfang auf, um seltsame Fragen zu stellen. Auch die Drohungen haben zugenommen. Nachdem ich Melodies virtueller Existenz auf Facebook ein Ende setzen musste, kann ich nur noch ihren Skype-Account konsultieren. Die Behörden haben mich aufgefordert, ihn bestehen zu lassen, da er bei bestimmten Ermittlungen nützlich sein könnte, vor allem aber, um die Entwicklung der Einschüchterungsversuche zu verfolgen. Ich logge mich natürlich nur sehr selten ein. Und jedes Mal ist das, was ich lese, grauenvoll. Es fing an, als ich mich diesen Sommer wegen einer Reportage in Südamerika aufhielt. Von Bilels Account aus überschwemmte mich eine Person, die sich als seine Frau

ausgab, mit langen Hasstiraden. Sie beleidigte mich und wiederholte ständig: »Na, du Miststück, wie ist es, wenn man eine Reportage über einen Terroristen schreiben will und sich dabei in ihn verknallt?« Eine merkwürdige Interpretation. Handelt es sich wirklich um eine von Bilels Frauen? Oder ist es die x-te Attacke des Kriegers, der vielleicht gar nicht tot ist? Und natürlich kann ich diese Frage nicht beantworten.

Die verschiedenen Abteilungen der Polizei sind der Meinung, dass Rachid X., alias Abu Bilel al-Firansi »lebt«. Sie haben bis heute keinen einzigen Beweis für seinen Tod, dafür aber ein ellenlanges Strafregister. Zu Anfang konnten sie ihn nicht identifizieren. Doch dann habe ich Roubaix erwähnt … Und sie haben sofort ihre Rückschlüsse ziehen können. Bis zu unserem Zusammentreffen hatten sie, seitdem er nach Syrien aufgebrochen war, seine Spur verloren. Vorher hatte er verschiedene Straftaten – vom Diebstahl bis hin zum Einbruch – begangen. Er wurde mehrmals in Abwesenheit zu Gefängnisstrafen verurteilt. Ab 2003 engagierte er sich aktiv bei den Kämpfen gegen den amerikanischen Einmarsch im Irak. Dort lernte er auch Abu Bakr al-Baghdadi kennen. In den Jahren 2009 bis 2013 hielt er sich zunächst lange in Afghanistan auf, um seine Guerillatechnik zu perfektionieren, dann in Pakistan, zum Zeitpunkt von Gaddafis Sturz auch in Libyen und kehrte anschließend völlig unbemerkt nach Roubaix zurück … 2013 hatten die Behörden ihn dann in der Türkei aufgespürt. Und er lebt tatsächlich mit drei Frauen im Alter von zwanzig, achtundzwanzig und neununddreißig Jahren zusammen.

Er ist Vater von mindestens drei Söhnen – alle unter dreizehn, von denen sich die beiden ältesten bereits an der syrischen Front befinden. Er ist ein enger Vertrauter von al-Baghdadi, aber auch von Souad Merah, der Schwester des Mörders auf dem Motorroller.

Mit Bilel hatte ich nie mehr direkten Kontakt. Als ich letztes Mal für eine Reportage am anderen Ende der Welt unterwegs war, rief mich ein befreundeter Journalist an, um mir mitzuteilen, er wisse aus »einer hundertprozentig sicheren Quelle«, dass eine Fatwa[1] gegen mich verhängt wurde. Das hatte man mir schon x-mal erzählt. Es hat mich zwar ein wenig beängstigt, doch ich habe mich nie konkret verfolgt oder überwacht gefühlt. Aber ich weiß, dass dieser Freund mich nie darauf hingewiesen hätte, wenn er sich seiner Sache nicht ganz sicher wäre. Also vernachlässigte ich meine aktuelle Arbeit und verbrachte Stunden mit Internetrecherche. Schließlich stieß ich auf ein Video, das mich betraf. Ich sah mich verschleiert auf meinem Sofa sitzen. Vermutlich ein Screenshot von Bilel … Es gab keinen Ton. Nur eine Animation, die einen Teufel zeigte, und darunter einen arabischen Text mit französischer Übersetzung. Ich habe mir dieses Video nur einmal angesehen. Und ich denke, ich werde es nie wieder tun. Doch ich weiß noch Wort für Wort, was dort geschrieben stand:

---

1 Religiöse Rechtsauskunft durch einen Mufti, einem Spezialisten der islamischen Jurisprudenz. Verallgemeinert bezeichnet dieser Begriff den Aufruf aller sunnitischen Muslime zur Rache an einer oder mehreren Personen.

Brüder in aller Welt, dies ist ein Aufruf zur Fatwa gegen dieses unreine Wesen, das den Allmächtigen verhöhnt hat. Wenn ihr dieser Sünderin irgendwo auf der Welt begegnet, befolgt das islamische Gesetz und tötet sie. Sie soll eines langsamen und grausamen Todes sterben. Wer den Islam verhöhnt, wird dafür mit seinem Blut bezahlen. Sie ist unreiner als ein Hund. Vergewaltigt sie, steinigt sie, tötet sie. Inschallah.

Was also ist schlimmer – der Zweifel oder die Gewissheit?

6. Juni 2014: Unter Führung von Abu Bakr al-Baghdadi leitet Daisch die erste offizielle Offensive gegen den Irak ein, vor allem gegen Mossul, die zweitgrößte Stadt des Landes. Nach viertägigen intensiven Kämpfen erobert die Terrororganisation sie und führt dort die Scharia ein.

29. Juni: Abu Bakr al-Baghdadi ernennt sich zum Kalifen der Organisation Islamischer Staat und wechselt wieder einmal den Namen, um jetzt zu Ibrahim zu werden, nach einem der fünf bedeutendsten Propheten des Islam. Auch wenn er sich als Anführer aller sunnitischen Muslime der Welt ausgibt, haben sich ihm doch nur einige wenige terroristische Gruppierungen angeschlossen, während der Großteil der muslimischen Autoritäten auf der ganzen Welt ihn nicht als ihren Führer anerkennt.

8. August: Barack Obama genehmigt die ersten Luftangriffe auf den Irak.

24. September: Eine internationale Koalition von mindestens zweiundzwanzig Ländern startet unter der Führung der Vereinigten Staaten Luftangriffe auf den Irak, später auch auf Syrien und die Terrororganisation Islamischer Staat.

Heute schätzt man, dass sich seit 2010 fünfzehntausend[1] ausländische Kämpfer Daisch angeschlossen haben. Unter achtzig verschiedenen Nationalitäten zählt man offiziell 1089 Franzosen aus siebundachtzig verschiedenen Departements. Einhundertzwanzig von ihnen sind nach Frankreich zurückgekehrt, vierzig sind im Kampf gestorben.

Nach inoffiziellen Schätzungen hingegen umfasst die Organisation Islamischer Staat zwischen 35 000 bis 40 000 Kriegern. Und es sollen doppelt so viele Franzosen dabei sein, wie die Regierung angibt.

Lola hat sich nie wieder gemeldet.
Vanessa hat ihr Kind in Frankreich zur Welt gebracht, wo sie noch immer lebt.

Chakir Maaroufi alias Abu Shaeed ist am 1. Juni bei der Offensive auf die syrische Stadt Deir ez-Zor »im Kampf« gefallen.

---

1 Neueste Quelle: *The Guardian*, November 2014

Abu Abda Llah Guitone, alias Guitone, wurde am 25. Juli auf der Basis der 17. Division nördlich des Daisch-Hauptquartiers Rakka getötet.

Weder Hamza noch seine Familie haben sich je wieder bei Melodie oder ihren Freunden gemeldet.

Abu Mustapha, ein Nahestehender von Abu Bilel, hat seine Internet-Accounts für Melodie gesperrt.

Rachid X., alias Abu Bilel al-Firansi, wird von französischen Inlands- und Auslandssicherheitsdiensten noch immer als »lebend« eingestuft.

Guido Steinberg

Kalifat des Schreckens

IS und die Bedrohung durch den islamistischen Terror

IS oder »Islamischer Staat«: Die islamistische Organisation kam scheinbar aus dem Nichts und versetzte gleichsam über Nacht die Welt in Aufruhr. Vom IS geht eine globale Gefahr aus. Nicht nur mit der Enthauptung von Geiseln vor laufenden Kameras, sondern auch mit Exekutionskommandos und Selbstmordattentaten fordert er den Westen heraus.

Terrorismusexperte Guido Steinberg erklärt den IS, zeigt die aktuelle Gefahr für den Nahen Osten und Europa und sagt, was dagegen getan werden muss.

DROEMER